마더 데레사의 아름다운 선물

**MOTHER TERESA :**
**In The Heart of The World**

Originally published as THE MOTHER : TERESA READER
A Life for God, complied by La Vonne Neff, published by Servant Publication., Inc.
Copyright ⓒ 1995. This Edition Copyright ⓒ 1997 by New World Library, Novato,
California USA. Korean Edition by Arrangement with Interlicense, Ltd.,
Mill Valley Sausalito, California, USA, on behalf of New World Library through
Shin Won Agency Co., Seoul.
Translation Copyright ⓒ 2001 by SAMTOH Publishing Co.

이 책의 한국어판 저작권 신원 에이전시를 통하여 저작권자와의 독점 계약으로 (주)샘터에 있습니다.
저작권법에 의해 한국 내에서 보호를 받는 저작물이므로 무단 전재와 복제를 금합니다.

가난한 영혼에게 전하는 마더 데레사의 마지막 메시지

# 마더 데레사의
# 아름다운 선물

마더 데레사 쓰고
이해인 옮기다

샘터

† 
오직 한 사람만을 도왔다 해도
충분히 일할 이유와 가치가 있습니다.

제3판 개정에 부쳐
# 우리들의 푸른 어머니 마더 데레사

이해인(수녀)

사랑이 너무 많아
쉴 틈 없이 고달팠지만
누구보다 행복했던 마더 데레사
지금은 하늘에서 별이 되어
새롭게 빛나시는 마더 데레사

메마른 세상 곳곳
사랑의 샘을 만들고
인종과 이념의 벽을 넘어
평화의 어머니가 되신 마더 데레사

당신의 한 생애는
고통받고 가난한 사람을 위해
고통을 두려워 않던 풍요로운 땅
굽이치는 강
불 뿜는 화산이었습니다

모든 어둠과 미움을 몰아내며
평화의 빛을 뿜어내는 삶이 되라
오늘도 우리를 부르시는
카랑카랑한 목소리가 들려옵니다
우리가 하는 사랑의 일들은
곧 평화를 위한 일이라 하신
그 밝고 힘찬 음성이 들려옵니다

우리도 당신처럼
세상과 이웃을 위한
평화의 천사가 되도록
늘 함께하여 주십시오

기도하여 주십시오
이미 세상을 떠나셨지만
오늘도 푸른 하늘로 열리는
푸른 어머니 마더 데레사
당신을 사랑합니다
당신을 닮겠습니다

제2판 개정에 부쳐
# 아름다운 평화의 선물

이해인(수녀)

 오늘도 잠시 수도원 앞 바닷가에 나갔습니다. 넓고 푸른 바다는 끊임없이 출렁이면서도 매우 평화로워 보였습니다.
 고요한 마음으로 수평선을 바라보고, 바다 위를 나는 물새들을 바라보다가, 요즘 세상에서 일어나는 일들을 생각하니 문득 눈물이 났습니다.
 예수님, 성모님, 부처님, 공자님, 간디, 타고르, 아빌라의 성녀 데레사, 막시밀리안 콜베, 김대건 신부님, 무명의 순교 성인들 그리고 또…… 이미 세상을 떠났으나 인류사에 지지 않는 사랑의 별이 된 분들. 그분들의 이름을 생각나는 대로 모래 위에 써보고 제가 좋아하는 겸손과 은유라는 단어도 써보는 동안, 마음이 모래처럼 하얗고 부드러워졌습니다.

진정 바다를 닮은 빈자의 어머니 마더 데레사도 떠올렸지요.

선물이라는 단어를 유난히 좋아해서 돌보는 집 이름에도 자주 붙이시곤 했던 마더 데레사는, 존재 자체로 커다란 사랑과 기쁨과 평화의 선물이셨습니다.

오늘 이 시간에도 전쟁터에서 죄 없이 죽어가는 이들, 몸과 마음이 병든 이들, 사랑하는 이들로부터 잊히고 버림받아 외로운 이들, 미움과 증오로 싸움을 일삼는 이들을 걱정하는 그분의 애절한 목소리가 들려오는 것만 같습니다.

'사랑과 친절의 결핍으로 세상은 길을 잃은 듯합니다. 세상을 정복하기 위해서 폭탄이나 총을 사용하지 맙시다. 사랑과 자비심을 이용합시다.'

그분이 호소하는 말씀들을 다시 읽어봅니다.

마더 데레사가 영면하신 해인 1997년에 나온 번역본 《따뜻한 손길》을 새 모습으로 정성 들여 만들어준 샘터사의 후의에 감사드립니다.

  이 책이 평화와 선을 갈망하는 이들에게 많이 읽히는 평화의 선물이 되기를 새롭게 기도하는 마음입니다.

  제 부족한 번역도 '데레사 효과(Teresa Effect)'를 감소시키지는 못할 것이라 기대하고 확신하면서, 이 아프고 힘든 시절에 마더 데레사가 들려주는 생각·이야기·기도의 샘에서 조금씩 물을 길어보시라고 여러분을 초대합니다.

2001년 10월
부산 광안리 성 베네딕도 수녀원에서

제1판을 펴내며
# 어서 한 방울의 사랑이 되자고

이해인(수녀)

진정 겸허한 마음을 지녀야만 하느님을, 자신을, 이웃을 제대로 사랑할 수 있으므로 겸손하자고, 기도하는 것만을 명심하자고 말씀하시던 마더 데레사.

몇 방울의 사랑을 부어 우리의 등불이 꺼지지 않도록 항상 깨어 있자고 당부하시던 마더 데레사가 더는 우리 곁에 계시지 않다는 사실이 새삼 쓸쓸하게 느껴지던 이 가을.

저는 그분의 구체적인 삶의 모습이 담긴 이 작은 책자를 우리말로 옮기는 작업을 하면서 몇 번이나 눈시울을 적셨는지 모릅니다.

누구보다 헌신적인 사랑의 삶 속에서 불타오르면서도 남에게 그러한 삶을 억지로 강요하지 않으시던 분, 믿지 않는 이들에겐 때로 거부감을 줄 만큼 투철한 가톨릭 신앙을 지녔으면서도 무신론자, 비종교인, 타종교인들을 내치지 않고 오히려 깊은 사랑과 이해로 감싸 안으시던 그분 앞에서 편협한 종교관을 지닌 제 모습이 새삼 부끄러웠습니다.

임종하는 환자들도 가능하면 각자의 종교에 따라 장례를 치르도록 배려하는 것이 마더 데레사의 뜻이라는, 콜카타 '임종자의 집' 책임수녀의 설명을 들었습니다.

1994년 12월, 마더 데레사를 직접 만났을 때 제가 그분에게서 느꼈던, 조금도 덧칠하지 않은 원목(原木) 그대로의 투박하고 자연스러운 생명감이 이 책에도 그대로 살아 있다고 봅니다. 진리는 단순한데 우리는 늘 불필요한 것들을 덧붙여 삶을 복잡하게 만들고, 사랑하는 일을 자꾸 미루기만 한다는 사실을 이 책은 새롭게 일깨웁니다.

좋은 말, 좋은 글들은 너무 흔해도 실천적인 삶의 모습은 찾기 힘든 오늘의 우리에게, 말과 글과 삶이 그대로 일

치하는 마더 데레사의 모습은 희망과 용기를 북돋아줍니다. 사랑의 주름으로 가득했던 그분의 모습을 그리워하며 삼가 그분의 영전에 이 책을 바칩니다.

이 책을 번역하면서, 가능한 한 원문에 충실하면서도 행간에 숨어 있는 마더 데레사의 평소 생각들을 잘 읽어내려고 나름대로 애썼습니다. 부족한 점이 많더라도 마더 데레사의 사랑과 독자들의 이해로 용서되기를 바라는 마음으로 감히 번역을 시작할 수 있었습니다.

우리나라에서 이미 나온 다른 번역서의 내용들과 더러는 중복되는 부분들도 있으나, 새로운 마음으로 다시 읽으면 더욱 깊은 뜻으로 다가오리라 봅니다. 책을 읽다 보면, 어서 이웃에게 스며드는 한 방울의 사랑이 되자고 우리를 부르시는 마더 데레사의 간절한 목소리가 들려오는 듯합니다.

이 일을 하도록 제게 격려와 도움을 주신 샘터사의 여러분께도 깊이 감사드립니다. 우리가 처해 있는 모든 장소에서 작지만 큰 '사랑의 일'을 막 시작하려는 모든 이에게 이

글모음이 풀꽃 향기 가득한 한 묶음의 선물로 안길 수 있기를 기원합니다.

1997년 12월<br>
부산 광안리 성 베네딕도 수녀원에서

**차례**

제3판 개정에 부쳐
우리들의 푸른 어머니 마더 데레사 | 이해인 6

제2판 개정에 부쳐
아름다운 평화의 선물 9

제1판을 펴내며
어서 한 방울의 사랑이 되자고 12


## 1장_ 단상 나눌수록 커지는 사랑

자비심 20 • 침묵 26 • 기쁨 34
관상(觀想) 38 • 소명과 실천 44
희생 50 • 양심 성찰 54


## 2장_ 이야기 가장 낮은 곳의 등불

삶의 등불 58 • 가난한 이의 모습으로 62
나눔의 두 얼굴 64 • 행복한 편지 66
다시 집으로 69 • 천사의 죽음 71
가장 가난한 사람 73 • 따뜻한 손길 76
진정한 부자 78 • 사랑 나누기 80
가장 아름다운 선물 82 • 세상에서 제일 맛있는 빵 85
사랑의 집, 사랑의 선물 87 • 바구니 속의 약 89
사랑을 낳는 사랑 92

## 3장_ 기도문 거룩한 소통

평화의 도구로 써주소서 96
저를 통해 빛나소서 100
말씀대로 제게 이루어지소서 104
겸손과 기도로써 108
우리 아버지시여 110
어서 와 경배드리세 114
오, 고통 받으시는 예수님 117

## 부록_ 마더 데레사를 만나다

### 시인 조병준이 만난 마더 데레사
평화의 미소 122

### 이해인 수녀가 만난 마더 데레사
소중한 만남 132
사랑의 전달자들과 함께 142
콜카타의 아침 해처럼 146
사랑이 참되기 위해서는 149
성탄절에는 사랑이 153
안녕히 가십시오 157
서로를 받아들이는 마지막 사랑 160

### 마더 데레사가 걸어온 길
신의 사랑을 땅 위에 실현한 성자 마더 데레사 165

아나스코스티아에 선교회가 들어서던 1981년 6월 25일, 마더 데레사가 아이들과 인사를 나누고 있다.
© Doug Menuez/Washington Post/Getty Images

## 1장

# 단상
## 나눌수록 커지는 사랑

그대에게 주어진 모든 사랑
그대가 세상 곳곳 주위에 심어놓은 모든
기쁨과 평화를 하느님께서 그대에게
되돌려주시기를 빕니다

# 자비심

"우리는 잘 알지 못하고 있습니다.
참으로 단순한 한 가닥의 미소가 할 수 있는
그토록 큰 일에 대하여."

세상을 정복하기 위해서 폭탄이나 총을 사용하지 맙시다. 사랑과 자비심을 이용합시다. 평화는 미소로 시작되는 것입니다. 도무지 미소 짓기 힘겨운 사람에게라도 하루 다섯 번 미소 짓도록 애쓰십시오. 평화를 위해 이 일을 하십시오. 우리는 하느님의 평화의 빛을 뿜어내는 사람이 됩시다. 사람들 마음 안에 깃든 미움들을 이 빛으로 몰아내고 사랑만을 가져오도록 합시다.

서로 미소 지으십시오. 물론 늘 쉽지만은 않습니다. 나도 가끔은 우리 수녀들에게도 미소 짓기 어려울 때가 있어 기도 드립니다.

그대를 통해서, 그리고 나를 통해서 하느님은 이 세상을 사랑하십니다. 그러므로 우리는 그분의 사랑이며 연민의 대상이 아니던가요? 그리스도는 성부께서 베푸신 연민의 정으로 이 세상에 오신 것입니다. 그대와 나, 그리고 그분이 사랑하고 동정해야 할 모든 이들을 통해서 하느님은 이 세상을 사랑하고 계십니다.

세상에는 셀 수 없이 많은 고통들이 있습니다.

굶주림에서 오는 고통, 집이 없어서 오는 고통, 모든 질병에서 오는 고통. 그러나 이것은 물리적인 것입니다. 가장 큰 고통은 외로운 것, 사랑받지 못하는 것, 옆에 아무도 없는 소외감이 아닐까요.

인간이 체험할 수 있는 가장 몹쓸 병은 '누구도 자신을 원치 않는다는 것'임을 나는 살아갈수록 더욱 절실히 느끼고 있습니다.

모든 것이 발전한 이 시대에 세상은 급변하고 모두들 마구 서두릅니다. 그럼에도 불구하고 앞으로 나아갈 힘 없이 길 위에 무참히 쓰러지는 사람들이 있습니다. 이들이야말로 바로 우리가 돌보아야 할 사람들입니다.

서로를 성실하고 진지하게 대하며 있는 그대로의 서로를 받아들이는 용기를 지니도록 합시다. 다른 이가 비록 실수와 허물로 가득 차 있더라도 놀라지 마십시오. 오히려 서로 좋은 점을 찾으려 애쓰십시오. 우리 각자는 하느님의 모상으로 창조되었음을 기억해야 합니다.

'나는 포도나무요, 너희는 가지로다.'라고 예수님은 아름다운 말씀을 하셨습니다. 생명의 즙이 그 나무로부터 모든 가지에 똑같이 흘러넘칩니다.

늘 친절하게 행동하십시오. 자신만이 가치 있고 유능한 일을 한다고 생각하지 마십시오. 그러면 당신과는 또 다른 재능을 지닌 다른 사람들이 속단하게 됩니다. 최선을 다하고, 다른 이들 또한 그들 나름대로 최선을 다할 것임을 믿고 신뢰하십시오.

작은 일들에 충실하십시오. 바로 여기에 우리가 살아나갈 힘이 있기 때문입니다.

예수님은 어느 날 설교하시기 전, 그분을 따르던 군중에게 연민의 정을 느끼셨다고 복음서에 쓰여 있습니다. 그분은 가끔 먹는 시간도 잊은 듯했습니다. 연민의 정에서 우러나는 자비로움으로 그분은 어떤 행동을 하셨습니까? 군중들의 배고픔을 달래기 위해 빵과 물고기를 많게 하셨습니다. 더는 먹지 않아도 될 만큼 넉넉한 음식을 주셨기에 남은 것이 열두 광주리나 되었다고 했습니다. 군중들을 다 먹인 후에야 그분은 설교를 시작하셨습니다.

  우리의 일을 통해서 우리가 서로 사랑한다는 것은 은총을 늘리는 것이며, 신성한 사랑 안에 성숙하는 것입니다.

1981년 1월 2일, 교황 요한 바오로 II세 방문 도중 마닐라에서 환히 웃고 있는 마더 데레사
ⓒ Lochon Francois/GAMMA RAPHO

# 침묵

"어제는 가버렸고 내일은 아직 오지 않았습니다.
우리에게는 오늘이 있을 뿐입니다.
자, 시작합시다."

마음의 침묵 안에서 하느님은 말씀하십니다. 기도와 침묵 안에서 하느님을 뵙고자 할 때 그분은 말씀하십니다. 그제야 그대는 자신이 아무것도 아님을 알게 되겠지요. 그대 자신의 '아무것도 아님'과 '비어 있음'을 깨달을 때 하느님은 당신으로 우리를 채우십니다.

기도하는 영혼은 깊이 침묵하는 영혼입니다.

현재 인도에서 가장 유명한 신학자 중 한 사람이 사제에게 말했습니다.

"신부님은 하루 종일 하느님에 대해 이야기하시니 얼마나 그분과 가까우실까요!"

그 사제는 내게 대답했습니다.

"나는 물론 하느님에 대해서 많은 말을 하고 있지만, 정작 그분을 향하는 말은 적게 하는 것 같군요."

그는 또 말했습니다.

"나는 좋은 말을 꺼내놓기에 급급해서인지 마음 깊은 곳으로 내려가 귀 기울이는 시간은 제대로 갖지 못하고 있습니다. 하느님은 고요한 마음 안에서만 말씀하시기 때문이지요."

우리 자신이 안과 밖에서 침묵을 실천하지 않고서는 감히 하느님 현존을 체험할 수 없다고 생각합니다.

침묵 안에서만 우리는 참으로 새로운 힘을 얻고, 하느님과 하나일 수 있습니다. 침묵은 모든 것을 새로운 시각으로 보게 합니다.

중요한 것은 우리가 말하는 것이 아니라, 하느님께서 우리에게, 우리를 통해 말씀하시고자 하는 바입니다. 침묵 속에서 그분은 우리를 들으실 것이고, 우리 영혼에게 말씀하실 것입니다. 바로 그곳, 침묵 속에서만 우리는 그분의 음성을 듣습니다.

마음이 다른 것들로 가득 차 있다면 하느님의 그 음성을 들을 수 없습니다. 그러나 침묵 속에 들으십시오. 마음의 고요한 가운데 하느님의 음성을 들을 수 있다면 그 마음은 이미 하느님으로 채워진 것입니다.

명상이나 고행을 하는 많은 수도자들은 줄곧 사막, 숲, 산속의 깊은 고요와 정적 속에서 하느님을 찾았습니다. 예수님 자신도 40일 동안 캄캄한 사막에서, 밤의 침묵 속에서 길고 긴 시간 동안 성부와 함께 친교를 나누셨습니다.

공동체로든 개인으로든 우리는 어떤 특정 기간만이라도 깊은 침묵과 고독 속에서 하느님과 함께하도록 부름받았습니다. 우리가 지닌 책, 생각, 기억과 함께하는 것이 아니라 오직 그분과 함께여야 합니다. 모두를 온전히 벗어나 그분의 현존, 침묵, 비움, 희망, 동요하지 않는 고요함 안에 사랑스럽게 머무는 것입니다. 야단스럽게 법석을 떠는 곳에서는 그분을 발견할 수 없습니다.

자연 안에서도 우리는 침묵을 발견하지요. 나무와 꽃과 풀들은 침묵 속에 자라납니다. 하늘의 별과 달과 해도 침묵 속에 움직입니다.

어디서나, 하느님의 음성을 듣기 위해서는 마음의 고요가 필요합니다. 문을 닫을 때, 다른 이가 그대를 필요로 할 때, 지저귀는 새들, 피어나는 꽃들, 그리고 동물들의 움직임에서조차 그대는 고요한 마음 속에서 하느님을 들을 수 있어야 합니다.

중요한 것은 우리가 말하는 것이 아니라 하느님께서 우리에게 말씀하시는 것, 다른 이들을 통해 우리에게 말씀하고자 하시는 것입니다.

침묵 안에서 그분은 우리를 들으십니다.

침묵 안에서 그분은 우리 영혼에 말을 건네십니다.

침묵 안에서 우리는 그분의 음성을 들을 수 있는 특혜를 누립니다. 내면의 참된 침묵을 위해 꾸준히 연습하십시오.

눈의 침묵을 지키십시오.

영혼에 방해가 되고 죄가 될 뿐인 타인의 결점 찾기를 그만두고 하느님의 선하심과 아름다움만을 찾으십시오.

### 귀의 침묵을 지키십시오.

타인의 험담, 소문, 무자비한 말들처럼 인간 본성을 타락시키는 모든 소리에 귀를 막으십시오. 항상 하느님의 음성에, 그대를 필요로 하는 가난한 이들의 외침에 귀 기울이십시오.

### 혀의 침묵을 지키십시오.

칙칙한 어둠과 괴로움의 원인이 되는 모든 말과 얄팍한 자기 변호를 삼가고, 우리에게 평화, 희망, 기쁨을 가져오고 마음을 밝히는 말을 하여 하느님을 찬미하십시오.

### 지성의 침묵을 지키십시오.

거짓됨, 산만한 정신, 파괴적인 생각, 타인에 대한 의심과 속단, 복수심과 욕망에 매이지 맙시다. 하느님의 경이에 대해 깊이 관조했던 성모 마리아처럼, 기도와 묵상 안에서 주님의 지혜와 진리에 마음을 활짝 여십시오.

마음의 침묵을 지키십시오.

온갖 이기심, 미움, 질투, 탐욕을 피하고 온 마음과 영혼과 정성과 힘을 다해 하느님과 이웃을 사랑하십시오.

나는 최선을 다해 마음의 침묵을 성실히 지키고자 합니다. 그 안에서 그분이 주시는 위로의 말씀을 듣고, 가난한 이들 안에서 고통 당하시는 예수님의 모습을 온 마음 다해 위로해 드리겠습니다.

1979년 10월, 마더 데레사가 콜카타에서 소년을 돌보고 있다.
ⓒ Jean-Claude FRANCOLON/GAMMA

# 기쁨

"예수님처럼 우리도 온 세계에 속합니다.
예수님처럼 우리도 우리 자신만을 위해서가 아니라
이웃을 위해 살아가야 합니다.
주님의 기쁨은 곧 우리의 기쁨입니다."

사랑에 불타는 마음은 항상 기쁠 수밖에 없습니다. 항상 기뻐한다는 것은 누구에게나 어렵습니다. 이것은 단순히 기질상의 문제만도 아니라고 생각합니다. 우리는 기쁨을 얻고자 부단히 노력해야 하며, 이 기쁨이 마음 안에서 성장할 수 있도록 힘써야 합니다.

기쁨은 기도입니다.
기쁨은 용기입니다.
기쁨은 사랑입니다.
기쁨으로 주는 이에게 기쁨은 더욱 큰 힘을 발휘합니다.

어린이들과 가난한 이들, 괴로운 이들과 외로운 이들에게 항상 미소 지으십시오. 그들에게 사랑이 깃든 행동뿐 아니라 마음도 함께 주십시오. 우리에겐 줄 것이 그다지 많지 않을지도 모릅니다. 그러나 사랑으로 가득찬 마음에서 솟아나는 기쁨만은 우리가 바라는 대로 언제라도 줄 수 있습니다.

설령 일을 하다 어려움을 겪게 되더라도 이를 기쁨으로, 큰 미소로 받아들이십시오. 그리하다 보면 좋은 결과를 얻게 될 것입니다.

감사를 표현하는 가장 좋은 방법은 모든 것을 기쁨으로 받아들이는 것입니다.

그대가 기뻐하고 있다면 그대의 눈도, 얼굴도, 이야기도 환히 빛날 것입니다. 절로 넘쳐 흐르는 기쁨을 그대는 감출 수 없을 것입니다.

기쁨은 감염되기 마련입니다. 그러니 그대가 가는 곳마다 항상 기쁨이 넘쳐 흐르도록 애쓰십시오.

성 보나벤투라의 표현에 의하면, 하느님이 인간에게 기쁨을 허락하신 까닭은 인간이 받은 모든 은혜와 영원한 희망을 만끽하라는 뜻이라고 했습니다. 그래서 인간은 이웃의 성공을 기꺼워할 줄도 알고, 하찮은 것에서 마음을 떼칠 줄도 알게 됩니다.

기쁨은 정녕 우리 삶의 축(軸)이 되어야 할 것입니다. 기쁨은 너그러운 인격의 표현입니다. 가끔은, 자기를 온전히 내어주는, 희생적이고 헌신적인 삶을 덧씌우는 겉옷 역할을 해주기도 합니다. 이러한 기쁨의 선물을 지닌 사람은 수시로 덕의 정점에 도달합니다.

그가 속해 있는 어디에서든 해처럼 빛납니다.

우리는 스스로에게 가끔 물어야 합니다.
'나는 진정 사랑의 기쁨을 체험했는가?'라고……
참된 사랑은 우리에게 아픔과 상처를 가져다주기도 하지만 또한 기쁨을 가져옵니다. 그래서 우리는 기도해야 하며 사랑할 수 있는 용기를 간청해야 합니다.

그대에게 주어진 모든 사랑, 그대가 세상 곳곳에 심어놓은 모든 기쁨과 평화를 하느님께서 그대에게 되돌려주시기를 빕니다!

# 관상(觀想)

"모든 것 안에서 모든 이 안에서,
어디서든지 어느 때에나 하느님의 모습을 찾는 것.
또한 모든 사건 안에서 그분의 손길을 보는 것.
이것이 곧 세상 한가운데서의 관상이다."

영혼이 하느님께 다가가 그분으로부터 받는 은총, 보다 적극적인 삶으로 치달을 수 있는 은총은 관상(觀想)에 의해서만 가능합니다.

'사랑의 선교 수녀회'의 우리들은 이 세상 한가운데서 다음과 같은 부름을 받았습니다.

"모든 것 안에서 모든 이 안에서, 어디서든지 어느 때에나 하느님의 모습을 찾는 것. 또한 모든 사건 안에서 그분의 손길을 보는 것. 특별히 초라한 빵의 형상 안에, 그리고 가난한 이들의 모습 안에서 신음하시는 예수님의 현존을 알아뵙고 흠숭하는 것."

우리의 관상은 다음과 같은 특성을 유지해야겠습니다.

선교사가 되는 것입니다.
몸으로든 마음으로든 이 세상 곳곳으로 사람들을 찾아

나서는 것입니다.

명상가가 되는 것입니다.
주님께서 머무시는 우리 마음의 중심에 온 세상을 하나로 모으는 것. 명상을 통해 나오는 은총의 맑고 깨끗한 물이 모든 피조물 위로 끊임없이 넘쳐 흐르도록 하는 것입니다.

보편성을 지니는 것입니다.
기도와 명상으로 모두와 함께, 모두를 위하여, 특히 가난한 가운데 가장 가난한 이들과 함께하고 그들을 위하여 보편성을 지니는 것입니다.

관상 생활의 또 다른 일면은 단순성이라 하겠습니다.
모든 것 안에서 모든 이 안에서, 어디서든지 어느 때에나 하느님을 찾는 것, 그리고 모든 사건 안에서 그분의 손길을 드러내는 이 단순성으로 말미암아 우리가 하는 모든 일이 가능해집니다.

  이 단순성은 우리가 생각하고, 공부하고, 일하고, 이야기하고, 먹고, 휴식을 취하는 모든 행위를 아버지의 애정 어린 시선 안에서 행하도록 돕습니다. 그분이 어떤 모양으로 오시든지 우리가 온전히 열려 있는 존재가 되도록 해줍니다.

  관상이란 무엇입니까?
  하느님을 있는 그대로 인식하고 사랑하는 일입니다.
  우리 수녀들에게는 예수님의 삶을 그대로 사는 것입니다.
  예수님을 사랑하는 것, 우리 안에 있는 그분의 삶을 살고, 그분 안에 있는 우리의 삶을 사는 것이 곧 관상이라고 나는 이해하고 있습니다.

  관상을 잘하기 위해서 늘 깨끗한 마음을 지녀야합니다. 질투, 분노, 분쟁, 사랑 없는 모든 행위들을 피해야겠습니다.

내게 있어 관상이란 어둠 속에 문을 닫아버리는 것이 아니라, 우리 안에 예수님이 사시도록 허락하는 것입니다.
　우리와 더불어 기도하시며 우리를 통해 거룩하게 되기를 주저하지 않으시는 그분의 고통, 사랑, 겸손 그대로 우리 안에 사실 수 있도록 허락하는 것입니다.

1987년, 콜카타에서 마더 데레사 ⓒ BASAK SANTOSH/GAMMA

# 소명과 실천

"아무리 하찮은 것이라도
사랑의 행동은 모두 평화를 위한 일이 됩니다."

병든 이들을 위한 약품과 치료제가 많습니다. 그러나 그것을 사랑 안에서 내어주는 친절한 손길과 너그러운 마음씨가 없다면, 사랑받지 못해서 생기는 극심한 질병은 결코 치유되지 못할 것입니다.

한 가닥의 작은 미소, 잠깐 동안의 방문, 등잔에 불을 붙여주기, 시각장애인을 대신해 써주는 편지, 땔감 한 바구니를 날라다 주는 일, 신발 한 켤레 주기, 신문 읽어주기…….

이와 같은 아주 작은 일들을 통해서도 우리는 하느님의 사랑을 구체적으로 실천할 수 있습니다. 그리고 누군가의 이야기를 들어주는 것, 아무도 들으려 하는 이들이 없을 때에는 잠자코 들어주는 것만도 무척 고마운 일입니다.

친절함이 있는 곳에서는 거룩함도 빨리 자라납니다. 친절한 이가 길을 잃고 방황한다는 말을 결코 듣지 못했습니다. 사랑과 친절의 결핍으로 세상은 길을 잃은 듯합니다.

우리가 섬기고 돌보는 가난한 이들을 위해 우리에게는

돈과 약품과 의복뿐 아니라 많은 것들이 필요합니다. 만약 아낌없이 내어주는 너그러운 이들이 주위에 없었다면, 수많은 이들이 도움조차 받지 못한 채 그대로 버려졌을 것입니다. 우리에게는 아직도 가난한 사람들과 아이들, 거리에서 살아가는 가족들이 콜카타뿐 아니라 런던, 로테르담, 마드리드, 마르세유, 그리고 로마에도 많습니다. 그래서 필요한 것은 그야말로 끝이 없습니다.

우리 수녀들은 로마에서 특히 밤 10시에서 새벽 2시 사이에 기차역 주변에서 서성이는 행려자들을 첼리오(Celio)의 성 그레고리오(San Gregorio) 성당 옆 수녀들의 집으로 데려오곤 했습니다.

지난번 로마에 있었을 때, 나는 차마 눈 뜨고 볼 수 없을 만큼 많은 행려자들을 보고 즉시 시장을 찾아가 말했습니다.

"이들을 위한 장소를 제공해주세요. 우리가 함께 가자고 해도 거절하니 차라리 그들이 있는 곳에 그대로 머물게 하는 것이 좋겠어요."

시장과 그의 직원들은 긍정적인 반응을 보여 며칠 안으로 테르미니(Termini) 기차역 가까운 곳에 좋은 장소를 마련해주었습니다. 거리에서 잠을 잘 수밖에 없었던 많은 이들이 지금은 그곳에 가 침대에서 자고 아침에는 떠나갑니다.

이것은 우리 '사랑의 선교 수녀회'가 전세계의 가난한 이들을 위한 소명의식으로 빚어낸 창의적이고도 놀라운 방법이라고 생각합니다.

20년 전만 하더라도 헐벗고 굶주린 이들, 행려자들이 이토록 많을 줄 몰랐습니다. 이제는 우리가 하는 일 때문에라도 온 세상 사람들이 가난한 이들의 존재를 알게 되었습니다. 그리고 그들도 무언가 나누기를 원합니다.

어째서 우리 단체가 온 세상에 알려졌겠습니까? 사람들이 우리가 하는 일을 보기 때문이지요. 배고픈 이들을 먹여주고, 헐벗은 이들을 입혀주며, 병들고 죽어가는 이들을 보살피는 그 일을 말입니다. 보기 때문에 믿는 것이지요.

나는 오늘날의 젊은이들은 과거의 사람들보다 훨씬 더 너그럽다고 확신합니다. 우리 젊은이들은 인류를 위한 희생과 봉사에 기꺼이 투신할 준비가 되어 있습니다. 그러므로 많은 젊은이들이 우리 '사랑의 선교 수녀회'를 좋아하고 선택하는 것은 그리 놀라운 일이 아닙니다. 많은 젊은이들이 중류층에서 옵니다. 그들은 부(富), 안락함, 귀한 신분을 지녔음에도 불구하고 가난과 관상의 삶을 온전히 살기 위해 가난한 이들을 실제로 섬기며 사는 '사랑의 선교 수녀회'에 입회하기를 열망합니다.

가끔은 대단한 부자가 그 나름대로 다른 이들의 불행에 기꺼이 동참하는 듯한 모습을 보게 됩니다. 그러나 그들 자신에게도 무언가 채워야 할 것이 있음을 그들은 결코 깨닫지 못하는 것 같아 안타깝습니다.

오늘날 어린이들은 이 점을 더 잘 이해합니다. 우리 아이들에게 한 조각의 케이크를 선물하려고 먹고 싶어도 참는 영국 어린이들도 있고, 이웃에게 매일 한 컵의 우유를 주기 위해 자기가 먹을 것을 희생하는 덴마크 어린이들도 있습니다. 독일 어린이들 역시 자신의 몫을 희생해 가난한 아이들에게 보내줍니다.

이런 행위들이야말로 사랑을 구체적으로 실천하는 방법입니다. 이런 아이들이 어른이 되면, 준다는 것의 의미를 확실히 알게 될 것입니다.

큰 일을 하는 사람들은 많이 있지만 작은 일을 하려는 사람들은 의외로 적습니다.

# 희생

"사랑이 참되기 위해서는
그 대가를 치러야 합니다.
사랑은 상처를 받아야 하며
자기 자신을 비워내야 하는 것입니다."

희생은 신앙의 중심입니다. 구약시대에 하느님의 백성들은 양, 염소, 황소, 비둘기와 같은 동물들을 속죄의 뜻으로 바쳤습니다. 그러나 예수 그리스도께서 스스로를 온전히 마지막 제물로 바치신 후로는, 동물을 바치는 제사를 더 되풀이할 필요가 없게 되었습니다.

희생, 순종, 고통······.

이러한 것들은 오늘날 인기 없고 매력 없는 주제들이겠지요. 오늘날의 문화는 우리 스스로 모든 것을 다 갖고 있다고 믿게 하고, 권리를 주장하게 만들며, 과학기술이 모든 고통과 문제들을 다 해결할 수 있다고 믿게 만듭니다. 그러나 내 생각은 아주 다릅니다.

하느님의 사람들이 그분께 기꺼이 승복하고 희생을 바치며, 가난한 이들과 함께 고통을 나누려는 노력 없이는 세상의 어떤 고통도 줄어들지 않을 것입니다.

인류 역사가 시작될 때부터 인간은 신께 어떤 희생제물을 바칠 필요를 느껴왔습니다. 적합한 제물이란 어떤 것일

까요? 온 세상을 대신하여 바치는 것, 하느님의 백성을 위해 좋은 것이어야 할 것입니다.

우리 주변에는 외로운 이들이 많습니다. 병원에도, 정신요양원에도, 집 없는 이들이 머무는 길거리에도.

뉴욕에서 일하는 우리 수녀들은 죽어가는 빈민들을 많이 대합니다. 이들을 보는 것은 얼마나 고통스러운 일인지요! 그들은 오직 거리의 주소만을 기억할 뿐입니다. 그들도 한때는 누군가의 자녀였고, 누군가로부터 사랑받았을 것입니다. 그들 또한 한 생애 동안 누군가를 깊이 사랑했을 것입니다. 그러나 지금은 거리의 주소만으로 기억되는 사람들이라니요!

'내가 너희를 사랑한 것처럼 너희도 서로 사랑하라.'

예수님의 이 말씀은 우리를 위한 하나의 빛으로 존재할 뿐 아니라, 자기 자신을 깡그리 태워 없애려는 갈망의 불꽃으로 우리 안에서 타올라야 합니다.

사랑이 오래 살아남기 위해서는 희생, 특히 자기 희생으로 양분을 취해야 합니다. 고통은 고통 자체일 뿐입니다. 그러나 그 고통이 그리스도의 수난과 함께하면 경이롭고 아름다운 선물, 사랑의 표정이 되기도 합니다.

　다른 이들에게 좋은 것이라면 나는 무엇이든 기꺼이 내어줄 준비가 되어 있습니다. 이 일은 상처를 받더라도 개의치 않고 기쁘게 주는 것을 포함합니다. 그렇지 않다면 내 안에 참사랑이 없는 것입니다. 내 주위의 사람들에게 평화가 아니라 오히려 불의만을 가져올 뿐이지요.

# 양심 성찰

"양심 성찰은 우리의 본성을
꿰뚫어 투영하는 거울입니다.
그것은 하나의 시험이요 도전입니다."

우리의 영혼은 어디에서나 하느님을 감지(感知)할 수 있는 맑고 투명한 수정 같아야 할 것입니다. 늘 투명해야 할 이 수정이 때로는 오물과 먼지로 뒤덮이기도 할 테지요. 더러움을 없애고 깨끗한 마음을 지니기 위해 우리는 끊임없이 양심 성찰을 해야 합니다.

하느님께서는 그 지저분한 먼지를 없애도록 우리를 도우실 것입니다. 그러나 깨끗한 마음을 지니려는 노력과 의지를 다해, 그분이 기꺼이 일하시도록 수락해야만 그리될 수 있을 것입니다.

양심 성찰은 우리의 본성을 꿰뚫어 투영하는 거울입니다. 그것은 하나의 시험이요 도전입니다. 그러나 우리의 결점을 제대로 비추어줄 그 거울이 꼭 필요합니다. 만일 우리가 양심 성찰을 더욱 충실히 한다면 평소 걸림돌이라고 여기던 것들이 오히려 디딤돌이 될 수도 있음을 깨닫는 계기가 될 것입니다.

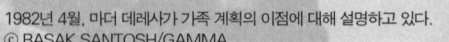
1982년 4월, 마더 데레사가 가족 계획의 이점에 대해 설명하고 있다.
ⓒ BASAK SANTOSH/GAMMA

2장

# 이야기
## 가장 낮은 곳의 등불

가난한 사람은 어디에든 있지만,
가장 가난한 사람은
사랑받지 못한 사람입니다.

# 삶의 등불

우리 수녀들 중 일부는 오스트레일리아에서 일하고 있습니다. 그곳 원주민 거주 지역에 한 노인이 살고 있었는데, 이 가난한 노인이 처한 상황은 더할 나위 없이 비참했습니다. 그는 모든 사람에게서 철저히 외면당했으며 집은 무척 지저분하게 어질러져 있었습니다.

"제가 집을 청소하고 빨래도 하고 침대 정리를 좀 해드릴까요?"

"그대로 놔두세요. 나는 이대로 괜찮습니다."

나는 그에게 다시 말했지요.

"제가 하겠다는 대로 허락해주신다면 훨씬 나아질 텐

데요."

그는 결국 동의했고, 나는 그의 집을 치우고 설거지도 했습니다. 그리고 먼지로 뒤덮인 아름다운 등잔 하나를 찾아냈습니다. 그가 거기에 마지막으로 불을 켜고 나서 몇 년이 흘렀는지는 오직 신께서만 아실 것 같았습니다.

"이 등잔에 영영 불을 켜지 않으실 작정인가요? 언제 사용한 적이 있나요?"

"아무도 나를 보러 오지 않는걸요. 그러니 아예 불을 켤 필요가 없답니다. 대체 누구를 위해서 제가 불을 밝힌단 말입니까?"

"만일 우리 수녀들이 매일 여길 방문한다면 이 등잔에 불을 켜시겠습니까?"

그는 대답했습니다.

"물론이지요."

그날 이후 수녀들은 매일 저녁 그의 집을 방문하기로 약속했습니다. 우리는 그 등잔을 깨끗이 닦았으며 수녀들은 이제 매일 저녁 그 등잔에 불을 밝힐 터였습니다.

그로부터 2년이 지났고 나는 어느새 그 노인을 까맣게 잊고 있었습니다. 그러던 어느 날 그는 나에게 다음과 같은 말을 전해왔습니다.

"꼭 전해주십시오. 수녀님들이 내 삶에 밝혀준 그 등잔불빛은 아직도 계속해서 타오르고 있다고요."

그러나 우리가 한 일은 아주 자그마한 애덕에 지나지 않습니다. 우리는 자주 사소한 것을 소홀히 여깁니다.

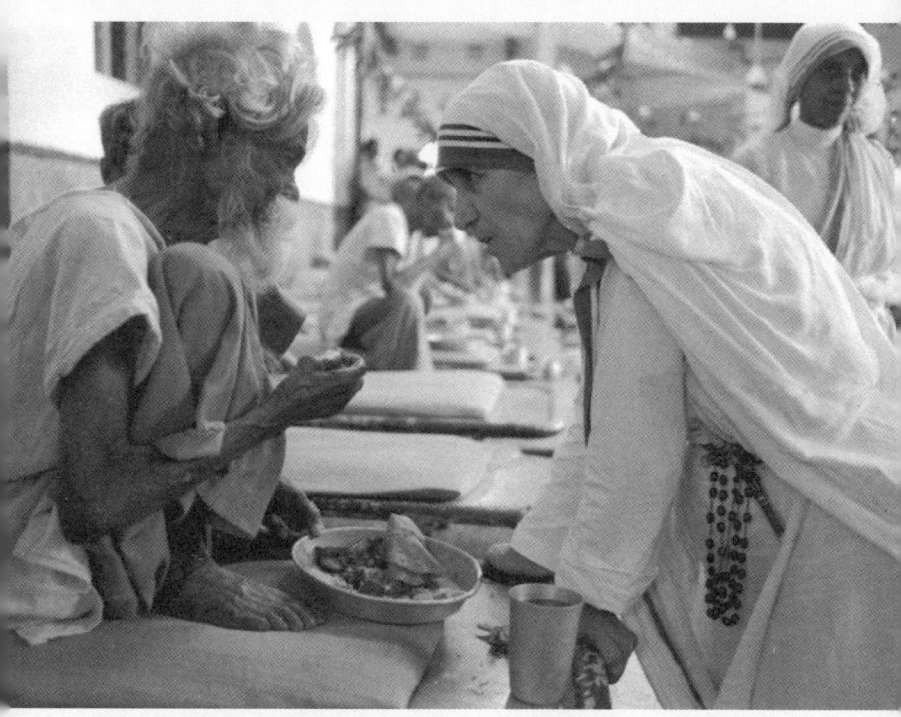

1979년 10월, 콜카타에서 노인을 돌보는 마더 데레사 ⓒ Jean-Claude FRANCOLON/GAMMA

# 가난한 이의 모습으로

대학을 갓 졸업하고 우리 수녀원에 들어온 한 청원자를 알고 있습니다. 그녀는 인도 외곽의 매우 부유한 집안 출신이었습니다.

우리 수녀회의 규칙에 따르면, 입회한 바로 다음 날 청원자는 콜카타에 있는 '극빈자를 위한 임종자의 집'을 방문해야 합니다. 그녀가 환자를 방문하기 전 나는 다음과 같이 말했습니다.

"사제가 미사 중에 얼마나 정성스럽게 사랑을 다하고 섬세하게 그리스도의 몸을 만지는지 자매는 보아왔을테지요. 환자들을 방문했을 때에도 그와 똑같이 행동하도록 유

의하십시오. 바로 그곳에 예수님은 가난한 이의 모습으로 계시기 때문입니다."

대학에서 많은 것을 보고 배운 그녀는 이제 또 다른 배움을 얻은 듯 얼굴에 하나 가득 미소를 담고 와서 말했습니다.

"저는 3시간 동안 그리스도의 몸을 만졌어요."

"무엇을 어떻게 했는데요?"

"하수구에 꽤 오랫동안 처박혀 있던 한 사람을 만났어요. 그의 몸에는 구더기와 오물과 상처가 가득했답니다. 물론 쉽지는 않았지만 저는 그를 깨끗이 씻어주었습니다. 바로 그 순간, 저는 그리스도의 몸을 만지고 있음을 깨달았어요."

그녀는 제대로 깨달은 것입니다.

사랑에 굶주려 그분은 그대를 바라보십니다.

친절에 목말라 그분은 그대에게 구걸하십니다.

충절에 헐벗어 그분은 그대에게 희망을 거십니다.

그대 마음 안에 머물 집이 없어 그분은 간청하십니다.

그대는 그 한 사람이 되어줄 수 있습니까?

## 나눔의 두 얼굴

방갈로에 있는 신학교에서 어떤 수녀가 내게 말한 적이 있습니다.

"마더 데레사, 당신은 가난한 이들에게 모든 것을 다 거저 주어 오히려 그들을 망치는 것이 아닐까요? 그들은 인간다운 자존심과 품위를 상실하고 있는 것 같아 보입니다."

모두 다 조용해졌을 때 나는 침착하게 대답했습니다.

"그 누구도 하느님께서 우리에게 베푸신 것보다 더 망쳐 놓지는 않겠지요. 그분이 우리에게 무상으로 베푸신 훌륭한 선물들을 보십시오. 여기 유리 창문이 없어도 우리는

다 볼 수 있습니다. 눈에 보이는 것마다 하느님이 돈을 내라고 하신다면 어찌 되겠습니까? 우리가 숨 쉬는 공기, 산소에도 돈을 지불하지는 않습니다. 만약 하느님이 우리에게 '네가 4시간을 일한 대가로 2시간 동안 햇볕을 주겠다.'고 하실 양이면, 우리 중 과연 몇 사람이나 살아남을 수 있겠습니까?"

종종 내가 가난한 이들을 망치고 있다고 수군대는 이들에게 다음과 같이 말해주고 싶습니다.
"부자들을 망치는 수녀회가 여럿 있는 것도 사실이니까, 가난한 이들의 이름으로 가난한 이들을 망치는 수녀회가 하나쯤 있는 것도 괜찮은 것 같군요."

# 행복한 편지

어느 해에 나는 우리 수녀들을 위해 특별한 일을 하기로 마음먹었습니다. 수녀들이 사는 각 분원에 소식지와 함께 편지를 보내며 그들이 속해 있는 공동체와 동료들의 아름다운 점을 써보라고 했습니다. 그리고 각 수녀가 쓴 것들을 보내달라고 했지요.

그랬더니 약 1천 통이나 되는 편지들이 도착했습니다. 상상해보세요! 각 공동체의 좋은 점, 함께 사는 이들의 좋은 점들을 열거한 수녀들의 편지를 읽기 위해 나는 아주 오랫동안 의자에 앉아 있어야 했습니다. 다 읽고 나서는 각 공동체에 되돌려주었습니다.

우리 수녀들은 무척 놀라는 눈치였습니다. 그들 안에 깃든 아름다운 점들을 주의 깊게 보아줄 누군가가 옆에 있다는 사실만으로도 얼마나 멋진 일입니까. 이런 것들은 사랑의 아름다운 정신, 이해와 나눔의 정신을 더욱 고무해줍니다.

살다 보면 꽤 자주 삶의 부정적인 면들, 좋지 않은 것들에 더 초점을 맞추려는 경향이 있습니다. 그러나 좀 더 선한 것, 아름다운 것들을 우리 주변에서 찾아내려 애쓴다면, 우리는 우리 가족들을 변화시킬 수 있을 것입니다.

우리가 먼저 변화되고 나서야 우리는 바로 옆집 사람을, 멀리 또는 가까이 사는 우리의 다른 이웃들을 변화시킬 수 있습니다. 그제야 우리는 평화와 사랑을 갈구하는 이 세상에 참평화와 참사랑을 가져올 수 있습니다.

1973년 인도에서 환히 웃고 있는 마더 데레사 ⓒ CAMERA PRESS/S.K. Dutt.

# 다시 집으로

 하루는 꽤 부유해 보이는 한 남자를 거리에서 발견했습니다. 그는 몸을 제대로 가눌 수 없을 정도로 술에 취해 있었습니다.
 우리는 그를 우리의 집으로 데려왔습니다. 우리 수녀들은 사랑과 친절과 정성을 다해 그를 돌보았습니다.
 하룻밤이 지나자 그가 수녀들에게 말했습니다.
 "수녀님들, 이제야 내 마음이 활짝 열렸습니다. 수녀님들을 통해서 하느님이 나를 사랑하신다는 것을 깨달았어요. 그분의 자상한 손길을 느꼈지요. 이제 나는 집으로 가야겠습니다."

그래서 우리는 그가 집으로 돌아갈 수 있도록 도와주었습니다.

한 달 후 그는 수녀들에게 다시 와서 수표를 한 장 내밀며 말했습니다.

"수녀님들이 제게 해주신 그대로 다른 이들에게도 해주시기 바랍니다."

그는 완전히 다른 사람이 되어 있었습니다. 자녀들의 사랑과 아내의 이해가 머무는 가정으로 다시 돌아간 것입니다. 그를 다시 집으로 돌아가게 이끈 것은 사랑이었습니다.

어떻게 사랑해야 하는지, 어떻게 나눔의 용기를 지녀야 하는지 가르쳐주시도록 성모 마리아께 도움을 청합시다.

## 천사의 죽음

어느 날 저녁, 거리에서 네 사람을 구조해왔습니다. 그중 한 여자는 회복 불능으로 보일 만큼 심각했습니다.

"가장 위급해 보이는 이 여자는 내가 돌볼 테니, 수녀님들은 나머지 사람들을 돌보세요."

나는 할 수 있는 한 최선을 다해 사랑으로 그녀를 보살폈습니다. 그녀를 침대에 눕혔을 때, 그 얼굴에 피어나는 아름다운 미소를 보았습니다.

내 손을 꼭 잡은 그녀가 할 수 있던 마지막 말은 "고맙습니다."라는 한마디였지요.

그런 다음 그녀는 눈을 감았습니다.

그녀의 옆에서 나는 스스로에게 물어보았습니다.

'이 여자와 같은 처지에 놓였다면 나는 무어라고 말했을까?'

너무나 배고프고 춥고 생명의 위협을 받고 있었다고, 몸 여기저기에 심한 상처가 있었다고……

이런저런 말들을 많이 늘어놓았을 것 같습니다.

그러나 그녀는 '고맙습니다.' 라는 한마디뿐이었습니다.

감사로 가득 찬 사랑을 전했으며, 미소 띤 얼굴로 죽어 갔습니다. 그녀는 나에게 더 많은 것을 준 셈이지요.

또 한번은 부서진 도랑에서 절반쯤 벌레에 뜯어먹힌 한 남자를 구출했는데 그는 다음과 같이 말했습니다.

"저는 길거리에서 동물과 다름없이 살아왔습니다. 그러나 지금은 사랑과 보살핌에 싸여 천사처럼 죽어가는군요."

죽음 직전에 아무도 비난하거나 저주하지 않고, 그 누구와도 자신을 비교하지 않고 이렇게 고백할 수 있다는 것, 얼마나 놀라운 일입니까.

그는 참으로 천사처럼 죽어갔습니다.

## 가장 가난한 사람




어느 날 나는 우리 수녀들이 일하는 '노인의 집'을 방문했습니다. 영국에서도 꽤 시설이 좋은 편이었는데, 이곳에 머무는 노인들의 얼굴에는 전혀 미소가 없었습니다. 모든 노인들이 문쪽을 향해서만 시선을 고정시키고 있었습니다.

나는 책임수녀에게 물었습니다.

"왜들 저러고 있지요? 그리고 이렇게 편안한 곳에서 왜 웃을 줄을 모르지요?"

나는 이런 사람들의 미소 띤 얼굴에 익숙해 있었습니다. 사랑이 사랑을 낳듯이 미소는 미소를 낳는다고 늘 생각해

왔으니까요.

수녀들이 대답하더군요.

"매일매일 같은 일이 일어난답니다. 수녀님, 이들은 항상 방문해줄 누군가를 기다리고 있는 것입니다. 외로움에 축나고 있답니다. 아무도 오지 않는 걸 알면서도 이들은 끊임없이 문쪽을 바라보는 거지요."

방관은 가장 두려운 가난입니다. 가난한 사람은 어디에든 있지만 가장 가난한 사람은 사랑받지 못한 사람입니다.

우리가 찾는 가난한 사람들은 아주 가까운 곳에, 또는 먼 곳에 있을 수 있습니다. 그들은 물질적으로 가난하거나 정신적으로 가난할 것입니다. 그들은 빵에 굶주려 있거나 우정에 굶주려 있을 것이며, 벽돌이나 시멘트로 지은 한 채의 집을, 또는 우리 마음 안에서 그들이 쉴 수 있는 한 채의 집을 필요로 할 것입니다.

1979년 10월, 콜카타 거리에서 아이들과 인사를 나누는 마더 데레사
ⓒ Jean-Claude FRANCOLON/GAMMA

## 따뜻한 손길

어느 날 런던의 거리를 걷고 있다가 키 크고 깡마른 어떤 사람이 무척 비참한 모습으로 구석에 웅크리고 있는 것을 보았습니다.

나는 그에게 다가가서 손을 잡고는 상태를 물었지요. 그랬더니 그는 나를 올려다보며 말했습니다.

"오, 참으로 오랜만에 사람의 따뜻한 손길을 느껴보는군요!"

그러고는 천천히 일어섰지요.

사랑이 깃든 친절한 행동 하나로 그의 얼굴에는 아름다운 미소가 번졌습니다. 단순한 악수만으로도 그는 자신이 소중한 존재가 된 것처럼 느꼈습니다.

나에게 그는 변형된 모습의 예수님이었습니다. 나는 그에게 누군가로부터 사랑받는 기쁨을 선사한 것입니다.

어떤 한 분 또한 우리를 사랑하십니다. 바로 하느님 그분께서……. 우리는 모두 사랑하고 또 사랑받기 위해서 창조되었습니다.

## 진정한 부자

어느 날 한 오스트레일리아 출신 신사분이 우리에게 와서 기부금을 꽤 많이 내놓으며 말했습니다.

"이것이야 외적인 표현이지요. 이제 나는 나 자신을 바치는 봉사를 하고 싶습니다."

현재 그는 '임종자의 집'에 정기적으로 나와서 환자들의 수염도 깎아주며 담소하곤 합니다. 이 사람은 돈뿐 아니라 자신의 시간을 내어준 것입니다. 자기 자신만을 위해서 소비했던 돈과 시간을 그는 이웃과 기꺼이 나누길 원했습니다.

나는 가끔 돈으로는 살 수 없는 선물들을 달라고 부탁합니다. 돈 외에도 우리가 줄 수 있는 것은 얼마든지 많습니다. 가난한 이들에게 미소를 건네주고 정성껏 들어줌으로써 그들을 감동시키는 봉사자들이 아쉽습니다. 이런 일들이야말로 의미 있는 일입니다.

모든 사람에게 도움을 주고자 사람들이 우리 일에 동참하길 원하지만, 결코 물질적인 것들이나 돈을 요구하지는 않았습니다. 나는 그들이 사랑을 가져오길 원하며 그들의 희생이 담긴 봉헌물을 들고 오길 원합니다.

봉사자들은 처음에 자신을 필요로 하는 이들을 우연히 만나 첫발을 떼어놓습니다. 그러나 두 번째에는 더욱 헌신적으로 행동하게 되며, 어느 시간이 지나면서부터 그들 역시 가난한 이들에게 속해 있음을, 그들 또한 사랑으로 채워질 필요가 있음을 절감하게 됩니다.

나누는 행위를 통해 그들은 자신이 누구이며 또 무엇인지를 발견하는 것입니다. 부(富)에 집착하여 근심이 끊이지 않는 사람은 오히려 가난한 사람입니다. 만약 그가 부를 다른 이들을 위한 봉사에 쓸 수 있다면 비로소 그 사람은 진정한 부자가 될 것입니다.

## 사랑 나누기

어느 날 두 젊은이가 가난한 이들을 위해 쓰라며 큰 돈을 가져왔습니다.

"이 많은 돈을 어디서 구했지요?"

"우리는 이틀 전에 결혼했습니다. 피로연을 하지 말자고 이미 결혼 전에 결정했습니다. 우리가 서로를 사랑하는 징표로 피로연에 쓸 돈을 마더 데레사께 드리자고 약속했답니다."

이 젊은이들의 행동은 얼마나 훌륭한가요! 참으로 너그러운 젊은이들이지요. 그렇게 한 이유를 다시 물었더니 그들은 다음과 같이 대답했습니다.

"우리는 서로를 깊이 사랑하기 때문에 이러한 사랑을 다른 사람들과도 나누고 싶었어요. 특히 수녀님들이 돌보는 이웃들과 나누고 싶었습니다."

## 가장 아름다운 선물

과테말라에 얼마 동안 우리의 작은 공동체가 있었습니다. 우리는 지진 때문에 1972년 그곳에 갔습니다.

가는 곳마다 섬김과 봉사의 일을 하기 위해 파견된 과테말라의 수녀들이 아름다운 이야기를 들려주었습니다.

수녀들은 어느 날 도심지 한복판에서 굶주리고, 병들고, 볼품없는 한 가난한 사람을 데려다 돌보아주었고 얼마 후 그는 원기를 회복했습니다.

그는 우리 수녀들에게 다음과 같이 말했다고 합니다.

"제가 여기 올 때 도움이 필요했던 것처럼, 도움이 필요한 누군가를 위해 이 침대를 어서 내어주세요. 저는 이제

떠날 테니까요."

 그는 이제 직업을 갖고 있습니다. 그리 많은 돈을 벌지는 못하겠지만 일하고 있는 것이지요.

 조금씩 돈을 벌 때마다 그는 그를 만나러 오는 힘없는 이들에게 도움이 되주곤 합니다. 그가 힘들 때 머물렀던 숙소에도 아주 적은 것이나마 항상 들고 옵니다.

 이것이 곧 가난한 이들의 훌륭한 점입니다.
 그들은 진정한 사랑을 할 줄 압니다.

1979년 10월, 아기를 안고 즐거워하는 마더 데레사
ⓒ Jean-Claude FRANCOLON/GAMMA

## 세상에서 제일 맛있는 빵


콜카타에서 우리는 매일 9천 명분의 식사를 준비해야 합니다. 하루는 책임수녀가 와서 말했습니다.

"수녀님, 먹을 것이 떨어졌답니다. 사람들에게 줄 것이 더는 없어요."

나도 할 말을 잃어가고 있었습니다.

그런데 아침 9시가 되자 빵으로 가득 찬 트럭 한 대가 우리 수녀원으로 들어오는 광경이 보였습니다. 정부는 각 학교의 가난한 학생들을 위해 매일 한 조각의 빵과 우유를 공급해왔습니다. 그런데 바로 그날, 학교가 모두 갑자기 휴업한다는 사실을 시에서는 몰랐던 것입니다. 그래서 빵

이 모두 우리 수녀원으로 온 것이지요.

  그때 하느님이 학교 문을 닫게 하셨다고 믿었습니다. 그분은 당신 백성들이 음식을 먹지 않고 그냥 돌아가게 하지는 않으시는 분임을 복음서에서도 보여주지 않았습니까. 아마 그날 사람들은 그렇게 맛있는 빵은 처음 먹어보았을 것입니다.

  하느님은 매사에 그렇게 자상한 분이십니다.

## 사랑의 집, 사랑의 선물

 어떤 젊은이들은 에이즈라는 몹쓸 병에 걸려서 집에서 도망쳐 나옵니다. 우리는 뉴욕에 에이즈 환자들을 위한 집을 개설했습니다. 오늘날 누구도 이런 환자들을 반기지 않습니다.

 몇 명의 수녀들이 그들을 돌봐주고 그들을 위한 집을 마련해주어 얼마나 큰 변화가 일어났는지요!

 사랑의 집, 사랑의 선물!

 그들이 누군가에게 의미 있는 사람이 되는 유일한 장소인 집!

 가장 아름다운 죽음을 맞이할 수 있도록 예비된 이 장소가 그들에게 놀라운 변화를 불러온 것입니다. 고통받는 환자들 중 아직 그 누구도 죽지는 않았지만 말입니다.

어느 날 한 젊은이가 죽어간다며 우리 수녀가 나를 불러서 가보니, 이상하게도 그는 죽을 태세가 아니었습니다.

고통 속에 신음하는 그에게 말을 걸었더니 그는 이렇게 말했습니다.

"수녀님, 저는 아버지께 용서를 구하지 않고는 죽을 수가 없습니다."

그래서 우리 수녀들은 그의 아버지가 있는 곳을 알아내 전화를 걸었습니다. 생생한 복음서를 대하듯 참으로 놀라운 일이 우리 곁에서 일어났습니다. 청년의 아버지는 즉시 달려와 아들을 끌어안고 외쳤습니다.

"우리 아들, 내 사랑하는 아들아."

"용서해주세요, 아버지!"

아들은 용서를 빌었고 두 시간 후 그 청년을 숨을 거두었습니다.

## 바구니 속의 약

하느님의 사랑을 구체적으로 보여주는 아름다운 예를 하나 더 들어보도록 하겠습니다.

어느 날 한 남자가 우리에게 급히 달려와 외쳤습니다.

"우리 아이가 지금 죽어가고 있어요. 의사가 처방해준 약은 영국에서만 구할 수 있는 것이랍니다."

우리는 정부로부터 각 나라에서 오는 구급 약품들을 보관해도 좋다는 허락을 받았기 때문에, 여기저기에서 많은 사람들이 약을 갖다줍니다. 그리고 우리는 이 약을 가난한 이들에게 나누어주곤 합니다. 의무실에는 수천 명의 사람들이 이 약을 타러 옵니다.

우리가 아직 그 남자와 이야기하는 도중 어떤 사람이 한 바구니의 약품을 들고 왔습니다. 그 바구니를 보니 오른쪽 꼭대기에, 죽어가는 아이를 위해 그의 아버지가 찾던 바로 그 약이 놓여 있었습니다.

만약 그 약이 바구니 밑에 있었다면 나는 그것을 발견할 수 없었을 테지요. 그가 너무 일찍 또는 조금이라도 늦게 도착했다면 나는 이 약에 대한 일을 기억하지 못했을지도 모릅니다.

그러나 약을 가진 그 사람은 바로 제시간에 온 것입니다.

그 바구니 앞에서 나는 생각했습니다.

'세상엔 수많은 어린이들이 있는데……. 주님께서는 콜카타의 이 어린이를 잊지 않고 돌보셨구나. 그래서 내 눈에 띌 수 있도록 바구니 꼭대기에 그 약을 담아 보내주신 게 틀림없어.'

이토록 자상한 하느님을 보십시오!
우리 모두를 위해서 늘 그렇게 배려하십니다.

1979년 10월, 어린 환자와 대화를 나누는 마더 데레사 ⓒ Jean-Claude FRANCOLON/GAMMA

## 사랑을 낳는 사랑


얼마나 너그럽고 훌륭한 사람들이 우리 곁에 있는지 한 가지만 더 이야기하겠습니다.

'임종자의 집'에서 어머니를 여읜 한 소년을 데려온 적이 있습니다. 소년은 좋은 가문에서 태어났지만 급작스럽게 어려워진 환경 속에서 고생이 많았습니다.

그 소년이 성장하여 사제가 되기를 원했을 때 물어보았습니다.

"왜 사제가 되려고 하느냐?"

그의 대답은 지극히 단순했습니다.

"마더 데레사께서 제게 해주신 것 그대로 다른 어린이들에게 해주고 싶습니다. 마더 데레사께서 저를 사랑하고 돌보아주셨듯이 저도 그렇게 사랑하고 싶을 뿐입니다."

이제 그는 사제가 되어 아무에게도, 무엇에도 의탁할 수 없는 이들을 돌보고 있습니다.

인간의 사랑과 따뜻함, 인간의 친절과 미소로부터 따돌림을 받은 가엾은 이들에게 헌신적인 사랑을 베풀고 있습니다.

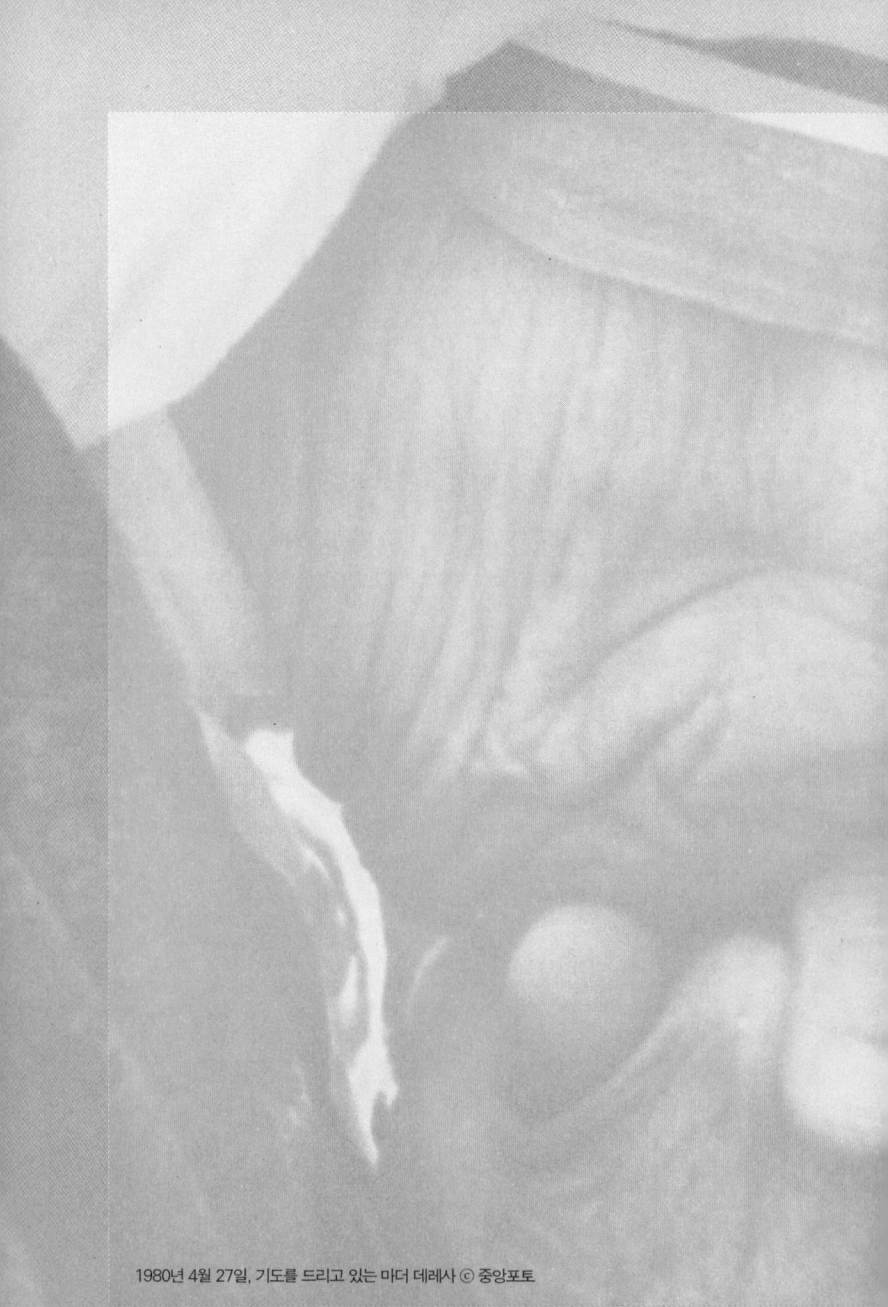

1980년 4월 27일, 기도를 드리고 있는 마더 데레사 ⓒ 중앙포토

## 3장

# 기도문
## 거룩한 소통

마음이 있는 곳에 사랑을 다툼이 있는 곳에 용서를
의혹이 있는 곳에 믿음을 심게 하소서.
절망이 있는 곳에 희망을 어둠이 있는 곳에 빛을
슬픔이 있는 곳에 기쁨을 심게 하소서.

# 평화의 도구로 써주소서

오, 주님 저를 평화의 도구로 써주소서.
미움이 있는 곳에 사랑을
다툼이 있는 곳에 용서를
의혹이 있는 곳에 믿음을 심게 하소서.
절망이 있는 곳에 희망을
어두움이 있는 곳에 빛을
슬픔이 있는 곳에 기쁨을 심게 하소서.
오, 거룩하신 주님.
제가 위로받으려 애쓰기보다는 위로할 수 있도록
사랑받으려 애쓰기보다는 사랑할 수 있도록 도와주소서.
우리는 줌으로써 받고 용서함으로써 용서받으며
죽음으로써 영생을 얻기 때문입니다.

— 성 프란치스코의 평화의 기도

우리가 하는 사랑의 일들은 곧 평화를 위한 일들이기도 합니다. 더 큰 사랑으로 모든 일을 합시다. 다음과 같이 말씀하시는 그리스도를 생각하면서…….

나는 굶주렸으니
먹을 음식뿐 아니라
순수한 마음에서 비롯된
참평화에 굶주렸으니.

나는 목말랐으니
마실 물뿐 아니라
전쟁으로 치닫는 격렬함을 서늘하게 적셔줄
참평화에 목말랐으니.

나는 헐벗었으니
입어야 할 옷이 없어서 뿐 아니라
품위와 존엄성을 지녀야 할 남녀들이
그 아름다움을 지니지 못해 헐벗었으니.

나는 나그네 되었으니
단단한 벽돌로 지은 집이 없어서 뿐 아니라
서로 이해하고, 돌보고, 사랑하는 마음이 없어서
나그네 되었으니.

우리 모두는 그저 주님의 자그마한 도구에 지나지 않습니다.
우리의 소임을 다 이루고 나면 조용히 사라져야 할…….

1976년 1월, 인도에서 마더 데레사 수녀가 무릎을 꿇고 기도하고 있다.
ⓒ JP Laffont/Sygma/CORBIS

## 저를 통해 빛나소서

좋으신 주님, 제가 가는 곳마다 당신의 향기를 널리 퍼뜨릴 수 있도록 저를 도우소서.
제 영혼을 당신의 영(靈)과 생명으로 가득 채워주소서.
저의 전 존재를 온전히 소유하시고, 저의 전 존재에 온전히 스며드시어 저의 삶이 당신 빛을 드러내는 반사경이 되게 하소서.
저를 통해 빛나시고 저와 함께 머무소서. 그리하여 제가 만나는 모든 영혼들이 제 안에서 당신의 현존을 느끼게 되리니. 오, 주님, 그들은 제가 아니라 당신을 우러르는 것임을 알게 하소서.
저와 함께 머무소서. 그리하면 다른 사람들을 환히 비춘 당신과 같이 저도 한 점 빛으로 빛날 수 있사옵니다. 오, 주님. 모든 빛은 오직 당신으로부터 올 뿐, 저의 것은 아무것도 없습니다.
저를 통해 다른 이를 비추는 빛의 주인이신 주님, 당

신께서 깊이 사랑하신 그 방법대로 당신을 찬미하게 하소서. 제 주위의 모든 이를 비추는 그 사랑으로. 소리치지 않고도 당신을 설교하게 하소서. 말로써가 아니라 모범적인 행동으로, 제가 하는 일의 성실한 열매로, 당신으로 인해 제 마음에 가득찬 그 사랑으로써 당신을 보여주게 하소서.
아멘.

―뉴먼 추기경의 기도

먼 곳에서 예수를 찾지 마십시오. 그분은 거기에 계시지 않습니다. 그분은 그대 바로 가까이, 그대와 함께 계십니다. 그대의 등불을 타오르게 하다 보면 그대는 항상 그분을 만날 것입니다. 몇 방울의 사랑을 부어 등불이 꺼지지 않게 애쓰다 보면 그대를 사랑하는 그분의 감미로운 사랑을 확연히 보게 될 것입니다.

우리 마음에 가득찬 것들은 다양한 방법으로 표현됩니다. 즉 눈이나 감각을 통해, 우리가 쓰는 글이나 말을 통해, 걸어가거나, 무언가를 받거나, 봉사하는 방법을 통해서도 우리는 우리의 마음을 표현하게 됩니다.

하느님으로부터 온 이 세상, 그리스도의 빛으로 변화된 이 세상에서 저는 가난한 이들의 고통을 나누며 살고자 했습니다. 누구하고든지 하나가 되어야만 우리는 그들을 구원할 수 있고, 하느님을 그들의 삶으로 끌어들일 수 있으며, 그들에게 하느님의 모습을 보여줄 수 있다고 확신하기 때문이지요. 하느님도 억지로 그분을 믿도록 강요하지는 않으십니다.

신앙은 참으로 선물입니다.

# 말씀대로 제게 이루어지소서

은총이 가득하신 마리아님, 기뻐하소서.
주님께서 함께 계시니 여인 중에 복되시며
태중의 아들 예수님 또한 복되시나이다.
천주의 성모 마리아님,
이제와 저희 죽을 때에
저희 죄인을 위하여 빌어주소서.
아멘.

— 성모송

전기제품의 내부를 깊숙이 들여다보면 크고 작은 여러 전선들이 함께 뒤엉켜 있습니다. 낡은 것, 새 것, 값싼 것, 값비싼 것 등 다양하지요. 그러나 여러 선들 안에 전류가 흐르지 않으면 우리는 결코 빛을 볼 수 없습니다.

그대와 나는 전선이고 하느님은 전류이십니다. 우리는 그 전류가 우리를 통과해 세상의 빛으로 사용될 수 있는 힘을 지니고 있습니다. 아니면 빛으로 사용되기를 거절해서 캄캄한 어둠으로만 남을 수도 있겠지요.

성모 마리아는 가장 훌륭한 전선이셨습니다. 그분은 하느님께서 자신을 가득 채우도록 허락하셨습니다. '말씀대로 제게 이루어지소서.'라는 순명의 행위로써 '은총이 가득한' 분이 되셨습니다. 성모 마리아께서 이 전류로 가득 채워진 바로 그 순간, 그는 은총의 힘에 의해 서둘러 엘리

사벳의 집으로 갔습니다. 전선인 요한을 전류인 예수께로 연결시키는 순간이기도 했음을, '당신의 소리가 내 귀에 들리자 아기가 내 태내에서 기쁘게 뛰놀았습니다.' (루가 1:44)라는 엘리사벳의 말을 통해서도 알 수 있습니다.

성모님이 우리의 삶 안으로 들어오시길 청합시다. 사랑이신 하느님께서 우리를 세상 곳곳에, 특히 우리가 속해 있는 공동체로 파견하시도록 말입니다. 모든 이들 마음 안에 있는 전선들을 사랑의 전류 자체이신 하느님과 연결하는 일을 계속할 수 있도록, 성모님은 우리를 도우실 것입니다.

1982년 6월 28일, 마더 데레사 수녀가 평화의 상징인 흰비둘기를 청년봉사단원과 함께 날려 보내고 있다. ⓒ 중앙포토

## 겸손과 기도로써

거룩하시다, 거룩하시다, 거룩하시다.
온 누리의 주 하느님.
하늘과 땅에 가득찬 그 영광.
높은 데서 호산나.
주님의 이름으로 오시는 분 찬미 받으소서.
높은 데서 호산나.

— 거룩하시도다(상투스)

거룩하게 되려면 겸손과 기도가 필요합니다. 예수님은 기도하는 법을 가르치셨고, 온유하고 겸손한 마음을 당신에게서 배우라고 일러주셨습니다. 겸손과 기도는 모두 하느님 안에서의 침묵을 통해 성장하는 것입니다.

귀의 침묵, 마음의 침묵, 혀의 침묵이 우리에게는 필요합니다. 하느님은 침묵 속에서만 말씀하시기 때문입니다.

작은 일들에 충실하십시오. 바로 여기에 우리가 살아갈 힘이 있습니다. 선하신 하느님께 작은 것이란 없습니다. 그분은 너무도 크시고 우리는 너무도 작기 때문에, 스스로 몸을 굽혀서 우리의 작은 어려움들을 치워주십니다. 또한 당신을 사랑할 기회를 주고자 하십니다. 모든 것은 바로 그분께서 만드셨기에 작은 것도 큰 것입니다. 무엇도 작게 만들 수 없는 분이시지요. 그래서 우리가 보기에는 작은 것들도 무한한 가치를 지닐 수 있는 것입니다.

## 우리 아버지시여

하늘에 계신 우리 아버지,
아버지의 이름이 거룩히 빛나시며
아버지의 나라가 오시며
아버지의 뜻이 하늘에서와 같이
땅에서도 이루어지소서.
오늘 저희에게 일용할 양식을 주시고
저희에게 잘못한 이를 저희가 용서하오니
저희 죄를 용서하시고
저희를 유혹에 빠지지 않게 하시고
악에서 구하소서.
아멘.

—주의 기도

제자들은 예수께 기도하는 법을 여쭈었고, 그분은 '우리 아버지'로 시작하는 이 아름다운 '주의 기도'를 가르쳐주셨습니다. 우리가 '우리 아버지'라고 부를 때마다 하느님은 우리를 빚으신 당신의 손을 들여다보실 것이라고 생각합니다.

 '내 손바닥에 새겨진 너'(이사야 49:16)라고 하시며 우리를 바라보시는, 하느님의 그 부드러운 사랑은 얼마나 놀랍습니까.

 어디에서 어떤 기도를 배워야 할까? 예수님은 우리에게 가르치셨습니다.

 '이렇게 기도하여라. ……우리 아버지, 당신의 뜻이 이루어지소서. ……저희가 용서하듯이 저희를 용서하시고……'

이는 단순하지만 매우 아름다운 기도입니다. 만일 '우리 아버지'로 시작하는 이 '주의 기도'대로 살아간다면 우리는 거룩해질 것입니다. 하느님, 나 자신, 나의 이웃, 모든 것이 이 기도 안에 들어 있습니다.

진정 겸허한 마음을 지녀야만 우리는 하느님을, 나 자신을, 이웃을 제대로 사랑할 수 있을 것입니다.

이것은 그리 복잡하지 않습니다. 우리는 불필요한 것들을 덧붙여 삶을 복잡하게 만들곤 합니다.

이것만 명심합시다.

겸손할 것, 기도 드릴 것.

우리 수녀들은 아이들을 돌보는 일, 외로운 이나 병든 이나 가난한 이들을 방문하는 일 등등 작지만 필요한 소임을 합니다.

하루는 어느 집을 방문한 수녀들이 며칠 전에 죽어서 이미 부패하기 시작한 어느 부인의 시신을 발견하고 놀랐습니다. 그의 이웃들은 그녀의 이름조차 알지 못하고 있었습니다.

우리 수녀들이 하는 일들이 그리 의미 있어 보이지도 않고, 근본적인 해결책도 없는 막막한 일에 구속되는 것 같아 안타깝다고 말하는 누군가에게 나는 다음과 같이 말했습니다.

수녀들이 오직 한 사람만을 도왔다 해도 그것만으로도 충분히 일할 이유와 가치가 있는 것이라고……

## 어서 와 경배 드리세

어서 와 몸을 굽혀 경배 드리세.
우리를 만드신 주님께 무릎을 꿇으세.
그분께서는 우리의 하느님.
우리는 그분 목자의 백성.
그분 손수 이끄시는 양떼로세.

— 시편 95:6~7

수녀들이 하루 일과를, 즉 예수님과 함께 예수님을 통하여 행하는 사랑의 일을 끝내고 나면 한 시간 동안 기도와 성체조배를 합니다. 하루 온종일 우리는 가난한 이들과 나환우들 안에서 고통당하시는 예수님의 모습을 만나곤 하지요. 하루가 저물면 우리는 다시 기도를 통해 감실(監室) 안에 계신 그분과 만납니다. 감실은 그분께서 우리를 위해 우리 가운데 세우신 가장 확실한 텐트와 같다고 생각합니다.

　모든 순간의 기도, 특별히 감실 앞에서 드리는 기도는 가장 확실하고 긍정적인 효과가 있습니다. 하느님께서 매일 우리의 청중이 되어 들어주시는 그 시간은, 하루 일과 중에서도 가장 소중하고 아름다운 시간입니다.

1985년 6월 21일, 워싱턴 DC에서 손을 모으고 기도를 올리는 마더 데레사
ⓒ Bettmann/CORBIS

## 오, 고통 받으시는 예수님

오, 고통 받으시는 예수님,
오늘 그리고 매일 앓는 이들 안에서 당신을 보게 하소서.
당신을 섬기듯이 그들을 사랑으로 봉헌하게 하소서.
매력이라고는 찾아볼 수 없는 분노, 범죄, 정신이상의
모습으로 위장해 오실지라도 제가 당신을 알아보고
고백하게 하소서.
"고통 받으시는 예수님, 당신을 섬기는 일은 그 얼마
나 감미롭습니까!"라고.

오 주님, 저에게 새로운 믿음을 주소서.
그러면 저의 일은 결코 단조롭지 않겠나이다.
가난으로 고통받는 이들을 위해 제가 아주 작은 희망
의 돛을 달아줄 수 있다면 그것이 저의 기쁨입니다.
제게 늘 정답게 여겨지는 환자들은 저에게 그리스도
를 보여줌으로 몇 배 더 사랑받아 마땅합니다.

제가 이들을 보살필 수 있음은 얼마나 놀라운 특권인가요!

오, 주님. 당신은 고통을 받으셨기에 고통 받는 환자로 제게도 오시는군요.
당신은 저의 결점보다 지향(志向)을 보시기에 고통 겪는 당신 자녀들을, 당신처럼 사랑받고 섬김 받아야 할 자녀들을 저에게 보내주시니 감사합니다.

주님, 저의 믿음을 더욱 굳게 하여주소서.
저의 노력과 일들을 축복하소서.
이제와 영원히.

— 마더 데레사

수천 명의 사람들이 한 조각의 빵 때문에 죽어갑니다. 그러나 더 많은 사람들이 아주 적은 사랑 때문에 죽어갑니다.

나의 생각은 무척 자주 고통을 겪는 이들을 향해 달려가고 그 고통을 봉헌합니다. 내 작은 고통에 비하면 훨씬 더 큰 그 고통을……

병고에 시달리는 이들, 일이 풀리지 않아 어려움을 겪는 이들 모두 예수님의 마음 안에 피난처를 찾습니다. 바로 거기에 내 마음 역시, 고통 받는 이들과 함께 사랑과 용기를 찾고 있을 것입니다.

1994년 마더 데레사, 사랑의 선교회 소속 수녀, 이해인 수녀(좌측부터) ⓒ 이은주

## 부록

# 마더 데레사를 만나다

이제 당신은 멀리 계셔도 저는 가까이 듣습니다.
"우리가 깊이 기도할 땐 영원을 만난다."는 그 말씀을
깊이 새기며 콜카타의 아침 해처럼 가난한 이의 마음에
떠오르는 당신의 모습을 그려봅니다.

† 시인 조병준이 만난 마더 데레사

# 평화의 미소
―마더 데레사 탄생 100주년을 맞아

조병준 (문화평론가, 시인)

프레디를 만나러 오는 길은 조금 멀었습니다. 지구 반 바퀴를 돌아야 했으니 좀 멀다고 해도 괜찮겠지요? 프레디를 만나러 오는 길은 조금 오래 걸렸습니다. 10년의 세월을 기다려야 했으니 조금 오래 걸렸다고 해도 괜찮겠지요? 10년 만에, 지구 반 바퀴를 돌아, 독일 바이에른 주의 뷔르츠부르크라는 도시에서 프레디를 다시 만났습니다. 기차역 플랫폼에 프레디가 서 있었습니다.

"프레디!"

"준!"

10년의 세월이 흘렀어도, 우리가 서로를 알아보는 데는 아무 문제가 없었습니다. 프레디의 얼굴에 10년 전과 똑같은 미소가 담겨 있었으니까요. 아마 제 얼굴에도 그렇게 10년 전의 미소가 되돌아와 있었을 겁니다.

 제 배낭을 자동차 트렁크에 실어놓고, 프레디는 역 근처의 작은 공원으로 저를 안내했습니다. 집으로 가기 전에 먼저 해야 할 일이 있다는 것이었습니다. 우선 기차에서 목 말랐을 테니 목부터 축이라고, 시원한 음료수를 건네주더니, 이어서 천으로 짠 가방에서 무언가를 꺼냈습니다. 하얀 면 티셔츠들이었습니다. 티셔츠에는 마더 데레사의 수도회 〈사랑의 선교회〉의 수도자들이 수도복에 걸고 다니는 십자가가 프린트되어 있고, 그 아래 짧은 영어 문장들이 찍혀 있었습니다. 'Peace begins with a smile. Give until it hurts.' 아! 기억 속에 생생하게 찍혀 있는 구절들이었습니다. 마더 데레사께서 하신 말씀이었습니다. '평화는 미소로써 시작되는 것입니다. 아플 때까지 주십시오.'

"이걸 왜?"

"10년 만에 우리가 만났는데 특별한 의식을 치러야지. 어느 티셔츠가 더 맘에 들어? 네가 먼저 골라. 그러면 남는 걸 내가 가질게."

프레디가 저를 재촉했습니다. 잠시 고민하다가 'Give until it hurts' 문구가 찍힌 티셔츠를 선택했습니다.

"오케이. 자, 그럼 이제 우리 이 티셔츠로 갈아입자."

10년 전 콜카타에서 그러했듯, 프레디는 여전히 아이 같았습니다. 한낮의 공원 벤치에서 두 남자가 티셔츠를 갈아입었습니다. 프레디의 가슴에서 마더 데레사의 육성이 들리는 듯했습니다. 평화는 미소로써 시작되는 것입니다……. 제가 선택을 잘 했습니다. 그 문구는 프레디에게 아주 잘 어울렸습니다. 프레디의 얼굴 가득, 평화의 미소가 번졌습니다. 그렇게 우리는 다시 '콜카타의 형제'로 돌아갔습니다. 다시 '마더 데레사의 아이들'이 되었습니다. 그렇게 우리의 재회를 기념하는 의식이 마무리되었습니다.

마더 데레사의 말씀이 찍힌 티셔츠를 나란히 입고 프레디의 집으로 달리는 길, 우리의 몸은 독일의 아우토반을 달리고 있었지만, 우리의 영혼은 콜카타로 달려가고 있었습니다. 우리가 처음 만났던 2000년 1월의 콜카타, 프레디가 다시 찾은 2002년과 2006년의 콜카타, 그리고 제가 다시 찾은 2006년과 2010년의 콜카타, 콜카타의 추억들이 이야기꽃으로 피어났습니다. 그런데 참 이상도 하지요. 10년의 세월이 단 하루처럼 느껴지는 것이었습니다. 우리는 어제 헤어졌다가 오늘 다시 만난 사람들 같았습니다. 콜카타의 기억을 공유하고 있다는 이유만으로 우리는 시간과 공간을 훌쩍 뛰어넘을 수 있었습니다.

　콜카타의 기억은 마더 데레사께서 우리에게 건네주신 소중한, 참으로 소중한 선물입니다. 그 기억 속에서 콜카타라는 고유명사는 평화라는 보통명사와 하나가 됩니다. 콜카타의 기억은 곧 평화의 기억입니다. 콜카타, 마더 데레사, 그리고 평화…… 이런저런 이야기가 오가던 중, 프레디가 물었습니다.

　"준, 넌 마더 데레사가 살아 계시는 동안 콜카타에 있었다고 했지?"

"응, 왜?"

"네가 참 많이 부러워. 너도 알다시피, 난 마더 데레사가 돌아가신 뒤에야 콜카타에 처음 갔잖아. 너한테 마더 데레사는 어떤 분이셨니?"

프레디 덕분에 저는 다시 한 번 평화의 기억을 되살리게 됩니다. 제가 만났던 마더 데레사의 이야기를 프레디에게 들려주었습니다. 그건 프레디의 선물에 답하는 저의 선물이었던 셈입니다.

"마더 데레사를 처음 만났던 날을 기억해. 난생 처음으로 새벽 미사를 드리게 됐어. 너도 알지? 겨울 콜카타의 새벽은 정말 캄캄하고 춥잖아. 마더 하우스(《사랑의 선교회》 본부 수도원)의 예배당은 몸이 덜덜 떨릴 만큼 추웠어. 잠시 후 수녀님들이 들어오기 시작했어. 그리고 맨 마지막으로 마더 데레사께서 들어오셨지. 등은 굽으시고, 얼굴엔 주름이 가득하셨어. 그때 들었던 생각이 뭔지 알아? 아, 저렇게 작고 늙은 할머니였구나! 하는 생각이었어. 그러다가

나도 모르게 마더 데레사의 발로 눈길이 내려갔어. 그 순간, 잠시 숨이 멎는 것 같았어. 왜 사람들이 그분을 '살아 있는 성자'라고 불렀는지, 그 이유를 그 순간에 알게 됐어. 그 갈라지고 뒤틀린 발을 보는 것으로 충분했어. 마더 데레사의 발은 내가 그때까지 보았던 그 어떤 사람의 발보다 가난한 발이었어.

그분의 발과 함께 마더 데레사를 기억할 때 떠오르는 건 그분의 손이야. 어느 날인가 무척이나 지치고 슬픈 날이 있었어. 환자 한 분이 돌아가신 날이었어. 어떻게든 살리고 싶었어. 정말 우리가 할 수 있는 일은 모두 다 했어. 하지만 아무 소용이 없었어. 몸에서 힘이 다 빠져나간 것 같았어. 이 일을 계속할 수 있을까, 회의가 들었어. 그냥 다 그만두고 콜카타를 떠나고만 싶었어. 미사가 끝나고 마더 데레사께서 사람들에게 축복을 내려주시는 걸 봤어. 나도 모르게 그 사람들 뒤를 따라갔어. 내 차례가 됐지. 남들이 하는 것처럼 나도 마더 데레사 앞에서 고개를 숙였어. 마더 데레사께서 내 머리에 손을 얹어주셨어. 그리고 내게 한마디를 해주셨어. "God Bless You." (하느님의 축복을 빕니다.)

　지금도 생생하게 기억할 수 있어. 내 머리에 얹혔던 그분의 손에서 내 몸으로 흘러들던 그 따뜻한 온기를. 그리고 내 머리에서 발끝까지 퍼져 나가던, 그 설명할 수 없는 힘을. 정말로 신비로운 경험이었어. 몸 안에 에너지가 가득 채워지는 그런 느낌, 상상할 수 있겠지? 그 다음부터 힘들 때면 언제나 마더 데레사 앞에 머리를 숙였어. 마더 데레사는 언제나 내게 축복을 내려주셨고, 그 축복의 힘으로 신나게, 씩씩하게 환자들의 똥오줌과 피고름을 닦고 빨래하고 청소하고 설거지를 할 수 있었어.

　서울로 돌아가서 사는 게 힘들어질 때, 사람들이 미워질 때, 나 스스로가 한심해질 때면 내 머리에 얹어주셨던 마더 데레사의 손을 기억했어. 평생을 가난한 사람들 가운데서도 가장 가난한 사람들과 함께했던 어머니의 손을 기억했어. 그 기억만으로도 위로를 받을 수 있었어……."

그렇게 프레디와 다시 만났습니다. 마더 데레사의 기억이 없었다면, 콜카타에서 우리에게 축복으로 건네졌던 평화의 기억이 없었다면, 우리 사이에 놓인 그 10년이라는 세월의 강을 그리 쉽게 뛰어넘을 수는 없었을 겁니다. 마더 데레사께선 우리에게 '평화 속에서 만나는 우정'이라는 커다란 선물을 주셨습니다. 콜카타를 비롯한 세상의 가난하고 버림받은 이들에게 다른 이들의 따뜻한 손길을 느낄 수 있게 해주셨습니다. 그리고 그렇게 누군가를 돕기 위해 작은 손길을 보태는 과정에서 우리는 친구가 되었습니다.

물론 그 10년 사이에 프레디의 삶은 많이 바뀌었습니다. 아버지를 돕던 일에서 벗어나 이제 자기의 사업체를 운영하는 청년 실업가가 되었습니다. 프레디는 고향에서 친지들과 함께 작은 단체를 만들어 이런저런 모금활동을 하기도 하고, 거기에 자기 사업에서 생겨나는 수익의 일부를 보태 콜카타의 거리의 아이들을 위해 보내고 있답니다. 프레디의 몸은 독일에 머물고 있지만, 정신 또는 영혼은 여전히 콜카타에 머물고 있는 것입니다.

마더 데레사의 말씀이 담긴 책에 제 글을 싣고 싶다는 부탁을 받았다고, 글을 써야 할지 말아야 할지 고민이라고 말했을 때, 프레디는 제게 단호히 말했습니다.

"준, 마더 데레사의 이야기라면 당연히 써야지. 너는 마더 데레사를 직접 만나는 축복을 받은 사람이잖아. 네가 마더 데레사에게서 받은 선물을 다른 이들과 함께 나눠야지."

프레디가 커피를 들고 왔습니다. 커피를 내려놓고 제 어깨를 한 번 두드려주고 프레디는 다시 자리를 피해줍니다. 프레디의 얼굴에 10년 전 콜카타에서 보았던 그 미소가 다시 떠오릅니다. 제 얼굴에도 미소가 퍼집니다. 마음에 평화가 차오릅니다. 평화가 시작되는 미소…… 아, 우리는 얼마나 귀한 선물을 받은 것인지요…….

—2010년 8월 2일, 독일 바이에른의 작은 마을에서
조병준

1971년 1월 6일, 바티칸 클레멘타인 홀에서 마더 데레사가 교황 요한 23세로부터 평화상을 수여받고 활짝 웃고 있다. ⓒ Bettmann/CORBIS

† 이해인 수녀가 만난 마더 데레사
# 소중한 만남

이해인(수녀)

1981년 마더 데레사가 2박 3일의 일정으로 한국에 오셨을 때 나는 잠시 텔레비전 화면을 통해 그분의 모습을 보았고, 그 단순하고도 확신에 찬 말씀과 정감이 느껴지는 진실한 목소리에 감명을 받았었다.

평소에도 가끔 대하던 그분의 말씀집을 집중해 읽기 시작하던 지난해 늦가을, 자료실의 사진들을 정리하다가 우리 수녀들이 마더 데레사와 함께 임진각에서 찍은 사진을 발견했다. 사무실 벽에 걸어두고 오며가며 그 사진을 바라보곤 했었는데, 뜻밖에도 12월에 직접 뵐 수 있는 기회가 마련되어 무척 기쁘고 설레었다. 개인적인 만남이 아니라 공적인 입장에서 영상자료에 필요한 인터뷰를 해야 한다는 일이 큰 부담이 되면서도, 생애에 흔치 않을 그 만남의 기회가 귀한 선물로 여겨지는 것이었다.

평화방송 텔레비전에서 마련한 마더 데레사의 다큐멘터리 제작진으로 동행한 성바오로딸 회의 김영숙, 오경길 두 수녀님, 구성과 연출을 책임진 '진 프로덕션'의 김진희 씨, 촬영과 음향을 맡은 남자 두 분을 포함한 우리 일행 여섯 명은 한마음이 되어 마더 데레사와의 만남을 정성껏 준비하며 기다렸다.

엄청난 장비와 무거운 짐들을 들고 봄베이와 콜카타를 왔다갔다 하면서도 소중한 만남에 대한 기대로 어려움과 피곤함을 즐겁게 견뎌낼 수 있었다.

본디는 단 한 번의 대담이 계획되어 있었으나 뜻밖에도 두 번의 기회가 주어졌으며, 마침 거행되었던 '사랑의 선교 수녀회'의 59명의 첫서원 미사, 29명의 종신서원 미사, 17명의 서원갱신 미사에도 참석할 수 있어 더욱 기뻤다. 비디오나 사진 촬영이 금지되어 있는 본원 성당이나 그밖의 일터에서도 우리는 마더 데레사의 친필 허락서를 받았기에 마음놓고 촬영할 수 있었다.

일본인 예수회 사제와 유럽에서 온 손님 몇 명은 혹시라도 마더 데레사를 담은 비디오가 완성되면 꼭 사고 싶으니 보내달라고 제작진에게 주소를 적어주었으며, 어떤 신부님은 미사 도중에도 주머니에서 작은 카메라를 살짝 꺼내 마더 데레사를 찍는 모습이 눈에 띄었다.

아무리 말로, 손짓으로 말려도 듣지 않고 사람들이 달려와서 기어이 사진 한 장이라도 찍고 싶어하는 분, 길을 갈 때면 어느새 사람들이 몰려와 사인을 부탁하고 손이라도 한번 잡아보고 싶어하는 분, 마더 데레사는 누구 못지않게 유명한 인기인이 되어 있었으나, 반짝 빛나다 사라지는 세속적인 인기인은 아니다.

그는 가장 허름한 사리에 구멍난 스웨터를 걸친 맨발의 여인, 이미 한쪽 귀는 잘 안 들리고 심장도 정상이 아닌 주름투성이의 쇠잔한 노인이다. 약 50년 전 '사랑의 선교 수녀회'를 창설한 이후 오늘까지 줄곧 가장 가난한 이들을 위한 사랑에 헌신해온 이 시대의 어머니이다.

1백 개도 넘는 나라에 수녀들을 파견하여 일체의 급료도 받지 않고, 가난한 가운데에서도 가장 가난한 이들에게 온몸과 마음으로 봉사케 하는 마더 데레사. 인생의 목적은 세속적인 성공이나 명예가 아니며 우리도 예수처럼 사랑에 살고, 거룩하게 될 의무가 있다고 말하는 마더 데레사. 요즘처럼 현대화된 세상에 조직 없이 일하면서도 아쉬움이 없고, 돈 걱정을 하지 않으며, 예수가 계시기에 결코 실망할 일도 없다는, 당신이 이 세상을 떠나도 당신이 하던 일은 여전히 잘되리라고 확신하는 마더 데레사. 부자들의 입을 통해서는 더러 불평의 소리를 들어도 당신이 만난 가난한 이들로부터는 불평하는 말을 못 들었다고 자랑스레 말씀하셨다.

힌두교인, 회교인, 불교인 친구들도 많고, 그들로부터도 많은 도움을 받는다고 웃으며 설명하시던 마더 데레사의 그 모습이 눈에 선하다. 특히 예수, 하느님, 가난한 이들에 대해 얘기할 때 그의 두 눈을 빛났으며 그 목소리는 힘이 넘치고 카랑카랑했다.

많은 이들의 궁금증을 대신해서 내가 어쩌다 그분의 개

1981년 5월 4일 서울 사당동 일대 판자촌을 찾은 데레사 수녀가 어린이들과 함께 걸으며 온화한 미소를 짓고 있다. ⓒ 조선일보

인적인 성장과정, 가족관계, 오늘이 있기까지의 여러 가지 힘들었던 일이나 에피소드에 대한 질문을 할라치면 어느새 그 내용은 비켜 가고 예수와 가난한 이들에 대한 얘기로 다시 돌아와 있곤 했다. 그에게는 오직 현재만이 전부이며 가족들조차 싫다고 내다 버리고 외면하는 비참한 몰골의 사람들, 영육으로 외롭고 목마르고 굶주리고 병들어 지칠 대로 지친 사람들, 누구에게도 인정받지 못하고 마음의 상처와 슬픔으로 가득찬 가난한 사람들만이 가장 큰 관심의 대상인 것 같았다.

그래서 그의 수녀원에는 아침부터 저녁까지 가난한 이들의 발걸음이 끊이지 않았으며, 그들은 수녀원을 자기 집처럼 마음놓고 들락거리고 있었다. 수녀원 앞의 골목길을 지나던 내게 성모님의 메달을 하나 달라고 구걸하던 중년 남자에게 묵주 반지를 하나 주었더니, 너무 기뻐 어쩔 줄 모르며 다른 사람들에게도 자랑하는 것이었다. 비굴함과 원망이 섞인 표정보다는 부드러운 미소와 평온함을 지니고 있던 그 골목길의 가난한 이들도 잊을 수 없다.

"도심지 한복판에 자리하고 있어서 온종일 울어대는 까

마귀 소리, 자동차 소리 등 온갖 소음과 공해 속에서 일, 명상, 기도를 조화시키는 것이 어렵지 않느냐?"는 나의 물음에 마더 데레사는 "워낙 오래전부터 습관이 되어 괜찮다."고 대답하셨다.

거리의 소음과 가난한 이들의 울부짖음을 그대로 끌어안고 그 집에서 살아가는 사랑의 선교회 수녀들은 이른 아침의 공동 빨래로 미사와 아침식사 후의 첫 일과를 시작하고 있었다.

재활원의 나환자들이 일 년에 6천 벌을 짜서 공급한다는 사랑의 선교 수녀회 회원들의 사리, 각기 두 벌씩 갖고 있다는 수도복인 하얀 사리를 우물물을 길어 열심히 빨고 있는 수녀와 수련자들 옆에서 나도 함께 빨래를 헹구며, 그리스도 안에서의 자유와 기쁨을 노래하는 듯한 그들의 맨발을 유심히 보았다.

빨래터에서 나오다 객실에 들어가니 그곳엔 '그리스도는 이 집의 머리이시며 식사 때마다 우리의 모든 대화를 조용히 듣고 계시는 보이지 않는 손님입니다.' 라는 글귀가 적혀 있었다.

마더 데레사는 사랑과 선물의 집, 평화의 집, 희망의 집 등등 수녀들의 일터마다 이름을 지어주고, 수녀들에게 필요한 기도문이나 지침, 의미 있는 경구들을 만들어 곳곳에 걸어두었다. 어린이집 현관에는 '우리도 하느님을 위해 무언가 아름다운 일을 해봅시다.'라고 적혀 있었고, 우리가 받은 조그마한 명함 크기의 종이에는 '침묵의 열매는 기도, 기도의 열매는 사랑, 사랑의 열매는 봉사, 봉사의 열매는 평화'라고 적혀 있었다.

기쁨, 선물, 아름다움, 기도 등의 단어는 그가 무척 즐겨 쓰는 말인 것 같았다. 어린이 집 외에도 양로원, 감화원, 나환자 재활원, 죽음을 기다리는 집 등을 둘러보았다. 어디에나 세계 각곳에서 온 진지하고 성실한 모습의 자원봉사자들이 있었으며, 어디에나 마더 데레사와 똑같은 푸른 줄무늬의 사리를 입고 사랑을 실천하는 작은 마더 데레사들이 있었다.

특히 '임종자의 집'에 들어가서 책임자인 돌로로사 수녀의 친절한 안내를 받으며 왔다갔다 할 때는 누워 있는 환자와 봉사자들에게 방해가 되는 것 같아 미안했고, 좋은 목적으로라도 사진을 찍는 것 자체가 송구스러워서 가뜩이나 아픈 마음에 몸까지 아프려고 했다.

이 집은 마더 데레사가 1950년대에 제일 먼저 시작한 자비의 일터여서 더욱 인상 깊었으며, 그가 쓰던 낡은 책상 위엔 지금까지 다녀간 64,530명의, 더러는 죽고 더러는 살아 나간 사람들의 이름들이 적혀 있는 두꺼운 노트 두 권이 슬픔의 무게로 놓여 있었다.

이름과 언어도 잃어버리고 표정 없이 앉아 있다가도 누군가 다가가 손 잡아주면 봇물 터지듯이 눈물 흘리며 고마워하고 알아듣지 못하는 방언으로 무슨 말이든 하려고 애쓰는 간절한 눈빛의 사람들. 그곳을 생각하면 지금도 가슴이 아려온다.

힌두인은 힌두교 관습대로, 회교인은 회교도 관습대로, 그리스도인은 그리스도교 관습대로 장례를 치러준다는 안내자의 설명을 듣고, 어쩌면 그들은 그래서 더욱 편안하게 눈 감을 수도 있겠다는 생각이 들었다.

문득 하얀 홑이불에 감겨 있는 어떤 외로운 주검 하나가 발길을 멈추게 했다. '나는 거리에서 짐승처럼 살아왔으나 이곳에 와서 천사처럼 죽어갑니다.'라고 그 또한 고백할 수 있으리라.

  자신은 성녀가 아니고 다만 그리스도의 사랑을 실천하는 사람일 뿐이라고 말하는 마더 데레사. 스스로를 '가난한 이의 대표'라고 말하며 당신을 만나고 싶으면 가난한 이들을 찾아가 그들에게 봉사하면 된다고 권하시는 마더 데레사.

  그의 부드럽고도 강인한 눈빛은 오늘도 우리 모두에게 안일한 삶의 태도와 이기적인 욕심을 버리고 이웃을 위한 사랑에 투신해야 한다고 조용히 재촉하는 것만 같다.

1994. 12.

# 사랑의 전달자들과 함께

—마더 데레사와 '사랑의 선교 수녀회' 회원들께

길고 긴 목마름과 그리움의 순례자로
우리는 이곳 인도에 왔습니다.
타고르와 간디의 땅
가난한 이의 어머니 마더 데레사가 사시는 이 땅에

오늘 아름다운 성모님의 축일
축복받은 봉헌의 아침에
우리는 새로운 기쁨과 평화를 나누고
특히 사랑과 지혜의 학교에 첫발을 내딛는
첫서원 수녀들과 기쁨을 나눕니다.

이곳은 많은 이들이 찾아와 그리스도를 사랑하고
세계를 사랑하고 가난한 이를 사랑하는 법을 배우는
아름다운 집, 하느님의 몽당연필로 쓰이길 원하는
많은 봉사자들이 모여드는 집입니다.

오늘 우리는 보았습니다.
사랑의 선교회의 원초적인 발전소, 보물섬인 어머니를
"그대들은 하느님의 기쁜 소식입니다.
그대들은 행동하는 하느님의 사랑입니다."라고
우리를 깨우쳐주시는 마더 데레사
다른 이를 더 많이 아끼고 사랑하는 법을
끊임없이 배우라고 요청하시는 이 시대의 어머니를

오늘 새로이 태어난 사랑의 전달자
기쁨으로 가벼운 주님의 심부름꾼들을 보는 것은
얼마나 큰 기쁨인지요.
그대들이 입은 사리는 단순히 삶의 아름다움을 외치고
그대들의 맨발은 봉사하는 기쁨의 자유

완전한 비움과 겸손의 삶을 노래하는 듯합니다.
곳곳에 흘러넘치는 그대들의 제한없는 사랑과 기도에
고마운 마음을 전합니다.
갈등 속에 있는 세계에 평화의 운하가 되려는
그 끝없는 노력을 고마워합니다.

우리는 마더 데레사의 그 목화 같은 미소를 사랑하고
주름투성이의 얼굴과 손을 사랑합니다.
그 주름들은 지난 50년 세월 동안 깊이 패인
가난한 이들을 위한 사랑의 언어입니다.

날로 작아지시고 허리가 많이 굽으신 마더 데레사
비록 당신의 겉모습은 초라해져도
내적 사랑은 시들지 않는 초록이리니
당신과 함께했던 모든 시간들
결코 잊지 않겠습니다.
당신이 우리에게 준 영적인 힘 안에서
우리는 거리를 뛰어넘어 사랑하는

작은 심부름꾼이 되겠습니다.

1981년 5월 임진강에 성모의 메달을 던지시며
갈라진 우리 겨레가 하나 되길 빌어주셨던 마더 데레사
그때처럼 한국의 평화와 일치를 위해
늘 기도 잊지 말아주소서.

1994. 12. 8.

1981년 데레사 수녀가 한국을 방문했을 때 서울 김포공항에서, 김수환 추기경과 함께 환영 인파의 인사에 반갑게 답례하고 있다. ⓒ 조선일보

# 콜카타의 아침 해처럼

―마더 데레사 수녀님께 바치는 시

"나는 목마르다"는
십자가 위에서의 예수의 말씀을 새기며
우리를 사랑의 길로 초대하시는 수녀님
"마리아를 통해 예수께로 가자."
"우리가 먼저 기쁘게 살고 그 기쁨을 이웃에게 전하자."고
항상 외치시는 수녀님

콜카타의 어느 감옥의 벽에
마하트마 간디와 나란히
큰 얼굴로 그려져 있던 당신의 모습을 보았습니다.

"두 사람을 완전하게 사랑할 순 없어도 모든 이를 완전하게 사랑할 순 있다."고 의미 있는 말씀을 하셨지요?
예수 안에서 모든 것이 가능하다고…….

당신은 세상 곳곳 벽을 넘어 날개도 없이 날아다니는
사랑의 천사이며 희망의 어머니임을 사람들은 압니다.
인도에서 만난 많은 이들도 당신을
위대한 노벨평화상 수상자로 살아 있는 성녀로
칭송의 표현을 했지만
그 어떤 칭호에도 관심없다는 듯
당신은 오직 예수 안에만 깊이 잠겨 계시고
예수가 그토록 사랑했던
힘없고 가난한 이들을 돌보기 위해
하루 24시간이 모자랍니다.

오후 4시가 넘으면 해가 지기 시작하던
콜카타의 그 길고 긴 강처럼 가슴엔 긴 사랑이 넘쳐
세계로 흘러가는 어머니

우리가 편히 쉬고 즐기며
각자의 취미 생활에 빠져 있는 순간에도
당신은 발이 부르트도록
가난한 이들을 찾아나서시느라
자신의 안락한 삶은 잊은 지 오래입니다.
그러한 당신을 생각하면
찡한 감동으로 눈물이 나면서도
당신을 닮지 못하고
여전히 이기적으로 살고 있는
부끄러운 제 모습을 봅니다.

이제 당신은 멀리 계셔도
저는 가까이 듣습니다.
"우리가 깊이 기도할 땐 영원을 만난다."는
그 말씀을 깊이 새기며
콜카타의 아침 해처럼 가난한 이의 마음에 떠오르는
당신의 모습을 그려봅니다.

1994. 12.

# 사랑이 참되기 위해서는

—마더 데레사 수녀님께 드리는 편지

"사랑이 참되기 위해서는 그 대가를 치러야 합니다. 사랑을 하려면 상처 입고, 자기를 비워내야 합니다"

마디마디 힘주어 천천히 말씀하시는 당신의 그 조용하면서도 신념에 찬 음성이 바로 가까이서 들리는 듯합니다.

데레사 수녀님, 평안하신지요? 이제 콜카타의 어머니뿐 아니라 전세계의 어머니가 되신 데레사 수녀님. 오늘, 우리나라 신문의 해외토픽 란에서 당신의 모습을 뵙고 반가웠습니다. 미국을 방문 중인 당신이 신생아와 유아를 위한 집 봉헌식에 참석하시어 어느 주교님과 대통령 부인 힐러리 여사 사이에서 활짝 웃고 계신 사진이었습니다.

한 살에서 세 살 까지의 아기들을 입양될 때까지 돌보는 그 집 이름은 당신의 이름을 따서 붙여졌다고 하더군요.

"원치 않고, 먹이고 교육할 수 없는 아이들이 있다면 그 아이들을 내게 주십시오. 어떤 아이도 거절하지 않을 것입니다."라고 늘 당당히 말씀하시며 낙태 반대 운동에 앞장서시는 수녀님.

오늘 저는 미지의 가톨릭 신자인 독자로부터 반가운 편지를 받았습니다. 그는 첫 아기를 낳고 십 년 만에 다시 아기를 가졌답니다. 그런데 임신인 줄 모르고 계속 감기약을 먹어서 장애아를 낳을까 걱정되고, 주위의 권유도 있고 해서 낙태를 해버릴까 생각 중이었다고 합니다.

그는 이렇게 적었지요.

어느 날 우연히 텔레비전에서 수녀님과 함께 마더 데레사를 보게 됐는데, 거기서 생명의 소중함을 일깨우는 그 분의 삶을 보고 아기를 낳기로 결심했습니다.
태어나서 버려진 장애아를 거두어 보살피시는 것을 보고 흐르는 눈물 속에 용기를 얻고, 믿음이란 주님의 뜻대로 사는 것을 실천하는 것이라는 결론을 얻게 됐습니다.

곧 태어날 우리 아기를 위해 꼭 기도해주세요.

제가 직접 뵙고 이 소식을 전해드리면 약간은 무뚝뚝하게 느껴지는 그 특유의 굵은 음성으로 "베리 굿!" 하시며 활짝 웃으시겠지요? 이렇듯 당신은 먼 곳에까지 깊은 영향력을 뻗치고 계십니다.

자신을 위해서는 아무것도 남겨두지 않는 겸허한 사람, 오직 이웃 사랑을 위해 전존재를 투신하며, 입에서 나오는 말은 예수·마리아가 전부인 기도의 사람. 많은 이들이 그토록 가까이 뵙고 싶어하는 수녀님과 두 번의 인터뷰를 하고, 바로 곁에서 사흘 동안이나 미사에 참여하며 함께 성가를 부르던 일이 제게는 아직도 잊을 수 없는 기쁨으로 그 고운 빛깔을 더해가고 있습니다.

성당 안에서 당신의 그 주름진 얼굴과 손, 닳고 닳아 뭉툭해진 발, 구김살이 펴지지 않는 청색 스웨터와 빛깔이 바랜 낡은 사리, 오래된 기도서를 보는 순간 저는 흐르는 눈물을 주체할 길 없었습니다. 그 눈물은 값싼 감상이 아니었으며, 끊임없이 자신을 비워내는 참사랑을 실천하는 분 앞에서 한없이 부끄럽고 초라해지던 저 자신을 돌아보는 참회의 눈물이기도 했습니다.

약 50년의 긴 세월 동안 오직 가난한 이들과 함께하며 깊게 패인 사랑의 주름살도, 깊고 푸른 눈빛도 모두가 성스러운 아름다움으로 저를 압도하며 주눅들게 했었답니다. 몇 달 전 그곳을 다녀온 후 늘 벼르기만 하던 문안 편지 한번 올리질 못했습니다. 인도에 다녀와 꽤 여러 날 몸도, 마음도 앓으며 지냈는데, 그것은 어쩌면 너무 큰 사랑의 충격 때문이 아니었나 싶습니다. 전 앞으로도 계속 앓아야겠지요.

사랑이 참되기 위해서는 오늘도 끊임없이 자기를 비우고 헌신해야 함을 행동으로 일러주시는 어머니, 당신께 깊은 존경과 감사를 드리오며 일러주신 다음 말씀을 늘 잊지 않고 살겠습니다.

"얼마나 많은 일을 하느냐가 아니라 얼마나 많은 사랑을 실천에 옮기느냐가 더욱 중요하다."는……

1995. 3.

# 성탄절에는 사랑이

―마더 데레사 수녀님께 보내는 성탄 엽서

"이기주의가 너무 지나친 까닭에 믿음이 부족한 것입니다. 사람들은 자신들이 믿음을 상실한 것을 모르고 있습니다. 우리는 성탄절을 맞아 차가운 마음으로 주님을 맞이하지 말고 겸손하고 따뜻한 사랑의 마음으로 그분을 맞이할 수 있도록 기도합시다. 그리스도는 성탄절에 아주 작고 부족하고 사랑이 필요한 한 어린 아기처럼 오십니다. 우리에겐 그분을 받아들일 준비가 되어 있습니까?"

데레사 수녀님, 성탄절의 기쁨과 평화를 먼 데 계신 수녀님과도 함께 나누고 싶은 오늘, 조용히 마음을 모으고 당신의 묵상집을 읽고 있노라니 이 년 전 인도에서 제가 뵈었을 때 따뜻하게 맞아주시던 그 웃음과 미사 중에 힘차게 성가를 부르시던 모습이 떠오릅니다.

최근에 신장 질환으로 사경을 헤매는 극심한 고통 속에서도 "나를 다른 가난한 이들과 똑같이 대우해달라."며 특별한 치료를 거부하셨다는 소식을 듣고 얼마나 가슴이 아팠는지 모릅니다. 훌륭한 사람이라도 너무 괴로우면 자연히 얼마쯤의 '자기 연민'에 빠지지 않을 수가 없는데 그토록 놀라운 발언을 하시다니요.

그러기에 많은 이들이 당신을 서슴없이 '성녀'라고 부르나 봅니다.

빈손을 쳐들고 서 있는 창밖의 겨울 나무들을 바라보며, 가난하고 겸손하게 인간이 되어오신 예수님의 사랑을, 또한 예수님처럼 이웃 사랑에 불타 자신을 위해서는 아무것도 남겨두지 않은 수녀님의 겨울 나무 같은 모습을 생각해 봅니다.

저도 이제 마음을 비우고 좀 더 겸손해져서 그만큼 기쁨도 넘쳐나는 성탄절, 물질적인 선물보다는 제가 고쳐야 할 잘못들을 뉘우쳐서 열매 맺는 좋은 결심 하나를 예수 아기께 정성스런 예물로 드리는 성탄절을 꿈꾸어봅니다.

병환 중에도 세상의 많은 이들, 특히 가난한 이들을 위한 기도를 멈추지 않으실 수녀님의 쾌유를 비오며 언젠가 들려주신 다음 말씀을 저의 가족, 친지, 이웃과 나누고 싶습니다.

"사랑은 어디에서 시작됩니까? 가정에서부터 시작됩니다. ······우리 가족 안에 대단히 불쌍한 사람이 있는데 우리가 그들을 몰라보고 있는지도 모릅니다. 우리는 미소 지을 시간도, 서로 이야기할 시간도 없이 지냅니다. 먼저 우리 가정에 그 사랑과 자비심을 가져옵시다. 그러면 달라질 것입니다. 가정은 우리 한 사람 한 사람이 사랑과 헌신과 봉사를 실천할 최초의 활동 분야입니다."

1996. 12. 25.

1994년 인도에서 이해인 수녀가 아이들과 함께 활짝 웃고 있다 ⓒ이은주

## 안녕히 가십시오

—마더 데레사 수녀님 영면에 바치는 추모시

언젠가 오리라
예상을 했지만
당신과의 영원한 이별은
깊은 슬픔입니다.

사랑이 너무 많아
잠시도 쉴 틈 없이 고달파도
누구보다 행복했던
마더 데레사

메마른 세상 곳곳
사랑의 샘을 만들고
인종과 이념의 벽을 넘어
누구에게나 평화의 어머니가 되셨던
마더 데레사

당신이 그토록 사랑했던
사랑의 예수와 함께
이젠 하늘 나라에서
모든 시름 잊으시고
편히 쉬십시오.

반세기 동안
당신이 뿌려놓은
사랑과 희망의 씨앗들은
당신을 따르는 선교회 수녀들과
당신을 기리는 이들의 삶을 통해
길이 꽃피고 열매를 맺을 것입니다.

겸손과 신뢰가 출렁이던
당신의 푸른 눈을 들여다보고
오래된 나무처럼 투박했던 당신의 두 손 잡고
이기심과 욕심을 부끄러워하며
맑고 순한 기쁨만 가슴에 가득한
만남의 순간들을 항상 기억하렵니다.

서로 사랑하라는 당신의 그 마지막 말씀을
다시 삶의 지표로 세우고
끝까지 가야 할 사랑의 길을
우리도 기쁘게 달려가겠습니다.

사랑하는 어머니 안녕히 가십시오.

1997. 9. 7

# 서로를 받아들이는 마지막 사랑

—마더 데레사 서거 2주기를 맞아

"우리가 먼저 변화되고 나서야 우리는 우리 이웃들을 변화시킬 수 있습니다."라고 말했던 마더 데레사.

오늘은 이웃사랑의 대명사로 우리 가슴에 아직도 꺼지지 않는 불을 밝히는 마더 데레사가 세상을 떠난 지 2주기가 되는 날이다. 그의 장례식 전후로 내가 모아둔 여러 기사들, 우리말로 번역된 책들을 통해 다시 한 번 그의 목소리를 듣는 은혜로운 아침, 어느새 바람은 가을 냄새를 풍긴다. 가을 하늘만큼이나 푸르렀던 그의 눈빛을 기억하는 내 마음에 따뜻한 그리움의 강물이 흐른다.

이 년 전 9월, 인도의 마더 데레사가 임종하고 나서 장

레식을 거행할 때까지 일주일 이상 모셔둔 그의 시신을 사진으로 대하며 나는 "마더 데레사, 당신은 이 세상을 떠나고 나서도 마음대로 편히 쉬실 수가 없군요." 하고 속삭였던 기억이 새롭다. '빈자들이 고통받고 있는데 나만 값비싼 치료를 받을 수 없다.'며 위독한 상태에서도 치료를 거부했던 그분의 초췌한 모습은 얼마나 많은 이들을 감동시켰던가! 거룩한 약속인 수도서원과 혼인서약 그 밖의 모든 약속들을 쉽게 파기해버리는 이들도 많은 오늘날, 오직 가난한 이들을 우선적으로 돌보겠다는 사랑의 약속을 오십 년 이상 허리가 휘어지도록 실천하고 떠난 마더 데레사의 그 한결같은 헌신의 삶을 생각하면 가슴이 저려온다. 그분이 세상을 떠나기 얼마전 콜카타 '사랑의 선교회' 수녀원에서 함께 새벽기도를 외우고, 성가를 부르며, 두 손을 마주잡고 인터뷰했던 일을 나는 늘 소중한 추억으로 간직하고 있다. 그의 모습을 보는 것만으로도 눈물이 쏟아지던 며칠이었다. 어느 날은 너무 피곤해 성당에서 졸고 계신 모습조차 매우 정겹고 아름답게 여겨졌다. 생전의 그를 만났을 때, 가장 나를 사로잡은 그의 매력은 무뚝뚝하리만

치 단호한 신앙의 확신, 깊고 투명한 단순성, 그리고 그 누구도 배척하지 않고 받아들이는 넓은 인류애였다.

우리가 진정 누구를 사랑한다는 것은 그가 지닌 여러 약점과 허물, 못남과 무력함까지도 받아들이는 부담이기에, 때로는 힘들고 지쳐서 그 짐을 피하고 싶은 유혹을 느끼기도 하는 것이리라. 사랑의 의무를 다 하기 위해 우리는 갈등 속에 서로 싸우고 심한 상처를 주고받기도 하지만 이러한 과정을 통해서 삶을 배우며, 사랑은 꿈이나 낭만이 아닌 구체적 현실임을 더욱 알아듣게 된다. 가장 가까운 가족들로부터도 버림받은 노인, 장애인, 어린이들이 갈 곳 없어 방황하는 일이 날로 늘어나도 그저 바라보기만 하는 무관심한 방관자인 오늘의 우리에게 마더 데레사는 이렇게 호소한다.

"인간이 체험하는 가장 몹쓸 병은 '아무도 자기를 원치 않는다는 것'임을 절감합니다. 한때는 사랑받았으나 어떤 이유로 잊히고 버림받은 사람들, 이들이야말로 우리가 돌보아야 할 사람들입니다. 우리는 서로를 성실하고 진지하게 대하며 있는 그대로의 서로를 받아들일 수 있는 용기를 지니도록 합시다."

어느 미지의 소녀가 불쑥 아기를 안고 와 내게 입양을 부탁해서 곤란해질 때, 길에서 구걸하는 이에게 적당한 핑계를 대며 빨리 비켜가고 싶을 때, 알코올 중독이나 정신질환으로 괴로움을 호소하는 이들에게 내가 어찌할 바를 몰라 기도하는 가운데 도움을 청하면 마더 데레사는 어느새 곁에 와서 내가 할 수 있는 최선의 방법을 조용히 일러 주시곤 한다. 나 자신의 나약함으로 인내와 용기를 잃게 될 때마다 늘 새롭게 떠올리는 마더 데레사의 말씀을 외워 보며 오늘도 다시 사랑할 힘을 얻는다.

'사랑은 철따라 맺는 열매와 같아서 누구나 그 열매를 거둘 수 있고 거기엔 제한이 없습니다. 누구든지 묵상을 통해서, 기도와 희생으로 농축된 내적 생활을 통해서 이 사랑에 도달할 수 있습니다 우리는 참으로 이런 삶을 살고 있습니까?'

1999. 9. 4

마더 데레사가 걸어온 길
# 신의 사랑을 땅 위에 실현한 성자 마더 데레사

"나는 알바니아에서 태어났다.

그러나 나는 인도 시민이다. 그리고 가톨릭 신자이다.

그러나 나는 온 세상에 속해 있다.

내 영혼은 예수 그리스도의 심장과 하나이기 때문이다."

1910년 알바니아에서 태어난 '아그네스 곤자 보야지우', 마더 데레사가 되어
가장 가난하고 헐벗은 이들을 위해 봉사와 희생의 삶을 살다가 1997년 영면하다.

### 1910~1927,
### 마더 데레사, '아그네스 곤자 보야지우' 태어나다

마더 데레사는 1910년 8월 27일, 구 유고슬로비아 마케도니아의 스코페에서 삼남매 중 막내로 태어났다. '꽃봉오리'라는 뜻의 '아그네스 곤자 보야지우'라는 세례명을 받는다. 가족은 모두 신실한 가톨릭 신자였고, 어머니는 늘 기도를 게을리하지 말고 가난한 사람을 도우라고 가르쳤다.

9살 때 아버지를 여읜 아그네스는 바느질로 살림을 꾸려가는 어머니의 모습을 보며, 고난과 가난을 이겨내는 삶의 모습을 배운다. 어린 시절 학교 성적이 우수했기 때문에 모두 아그네스가 작가가 될 것이라 생각했다. 그러나 아그네스는 이미 열두 살 때, 인도에 파견된 유고슬라비아 예수회 선교사들의 활동에 감명을 받아 수녀가 되기로 결심한다.

## 1928~1937, 가난한 수녀로서의 삶을 맹세하다

18살이 되던 1928년, 성모 몽소승천축일을 맞아 묵상하던 중 수도생활을 하라는 소명에 응답하기로 결심을 굳힌다. 인도에 선교사를 파견하는 로레토 수녀회에 지원하여 입회하고 21살에 로레토 수녀회 수녀로서 첫 서원을 한다. 수도명은 리지외 수녀원에서 일생을 마친 성녀 '소화 데레사'를 본받고자 '데레사'로 정했다.

1931년 5월 24일 데레사 수녀는 청빈하고 가난한 삶을 맹세한 뒤 거대한 히말라야 산기슭의 작은 구릉에 있는 다즐링으로 파견된다. 그곳에 자리잡은 로레토 수녀원에서 학생들을 가르치고 병원에서 환자들을 돌보기 시작한다. 임기를 마치고 인도의 콜카타로 돌아와 센트 메리 고등학교에서 역사와 지리를 가르쳤다. 27살이 되던 1937년 5월 14일, 데레사 수녀는 일생을 하느님께 바치겠다는 종신서원을 마친다.

## 1938~1946,
## '가난한 사람 가운데 더 가난한 사람'을 위하라는 계시를 받다
## -'사랑의 선교회' 설립

데레사 수녀가 수녀 생활을 익히는 동안 인도는 극심한 변화를 겪는다. 1943년 벵골지방에 큰 흉년이 들어 수만 명이 콜카타로 피난을 오고, 일본이 버마를 점령해 인도는 폭탄 세례를 받곤 했다. 그때마다 수녀원은 임시 피난처가 되었다. 데레사 수녀는 계속해서 학생들을 가르치고 병자들을 치료하며 봉사하던 중, 삶에 큰 영향을 준 영적인 지도자 판 엑셈 신부와 34살 때 만난다. 묵상하는 시간을 갖고자 다즐링으로 향하는 기차 안에서 '가난한 사람들 중에서도 가장 가난한 사람들'을 위해 봉사하라는 하느님의 계시를 받는다. 이 새로운 소명을 통해 받은 영감으로 2년 뒤인 1946년, '사랑의 선교회'를 설립한다. 당시 인도는 파키스탄과 분리되기 전 끔찍한 폭동이 일어나 이슬람교도와 힌두교도가 서로를 해치고 죽였다. 5일 동안 4천여 명이 목숨을 잃은 폭동 속, 군인들이 길을 막아도 데레사 수녀는 거리로 나와 학생과 환자들을 위해 양식을 구해갔다.

## 1947~1959,
## 가장 낮은 곳의 등불, '마더 데레사'의 이름을 받다

데레사 수녀는 자신의 몸은 돌보지 않은 채 더러운 빈민굴에서 살며 빈자와 약자를 돕는다. 1948년 마침내 대주교는 청빈과 순결과 순종의 계율을 마더 데레사에게 내린다. 봉사와 헌신은 허락하되, 수녀로서의 맹세와 계율에서 벗어나지 말아야 한다는 내용이었다. 데레사 수녀는 켈커타 근처 의료선교회에서 서너 달을 지낸 뒤 그해 12월, 다시 콜카타의 빈민굴로 귀환해 새로운 봉사를 시작했다. 유일한 재산인 푸른 줄이 쳐진 회색 수도복 차림에 어깨에는 조그만 십자가를 달고, '가난한 이들의 작은 자매회'에 몸을 의탁하며 빈민가에 최초로 학교를 열었다. 1949년에는 귀화하여 인도 국적을 얻고, 이듬해 1950년 10월 7일, '사랑의 선교회'가 로마 교황청에 의해 승인받는다. 처음 5명의 수녀와 함께 시작했던 선교회는 2년 동안 28명의 수녀가 봉사하는 곳으로 확장되었다. 이 선교회의 회장으로 취임하면서 데레사 수녀는 '마더 데레사'라 불리기 시작했다.

## 1952~1959,
### 종교와 계급을 넘어 사랑을 실천하다

마더 데레사는 콜카타 거리에 버려진 아기들과 거지들, 환자들을 데려와 먹이고 치료했다. 1952년 칼리 신전의 순례자 숙박소 건물을 빌려 '임종자의 집'을 열었다. 뒤이어 '병자와 고통받는 사람들의 협력자회', '사랑의 선교회'의 본부인 '마더 하우스', '마더 데레사 협력자 국제협회', '어린이들의 집', 나병환자 공동체와 '평화의 마을', '사랑의 선교 수사회', 알코올 중독자들을 치료하기 위한 '집', 원주민을 위한 '집', 팔레스타인 난민 구호를 위한 '집' 등 구호센터를 점점 더 확장해 나갔다.
칼리 사원의 한 성직자가 '임종자의 집'에서 폐결핵으로 죽자 힌두교도들의 불만은 더 커져갔다. 수녀들은 위협에 시달리기도 했다. 힌두교 성직자 중 일부는 데레사 수녀가 시민들을 가톨릭으로 개종시키려는 목적으로 위선적인 봉사와 친절을 베푼다고 매도하며 경찰에 신고하기도 한다. 그러나 빈자와 약자를 향해 끝없이 봉사하는 모습에 감명받아 마더 데레사의 정신을 인정하게 된다.

## 1960~1982,
### 콜카타를 넘어 온 세상에 사랑과 봉사를 전하다
−노벨평화상 수상

마더 데레사는 1960년에 처음으로 외국 여행길에 나서며 봉사 활동을 전세계로 확장했다. 뉴욕에서는 가톨릭 교수센터와 유대 관계를 갖고 식품, 의약품, 기금 등의 지원을 약속받고, 유엔의 WHO 책임자와도 처음으로 만난다. 마더 데레사는 1965년 교황 바오로 6세로부터 '사랑의 선교회'를 교황청이 직접 관할하는 수도회로 인가받고, 인도 국외에 최초로 연 구호센터 베네수엘라 수도회를 비롯해 탄자니아, 로마, 오스트레일리아, 영국, 미국, 방글라데시, 예멘, 페루 등 세계 각지에 설립했다.

마더 데레사는 '사랑의 선교회' 각 수도원과 관상수도회 수도원이 각각 하나씩 전세계적으로 결연하는 연대 계획을 실행에 옮기기 시작한다. 한국에도 1981년과 1985년에 방문해 성 나자로 마을을 찾고 임진강에서 한국의 통일을 기원했다. 한편 콜카타에 장기 요양자들을 위한 집 '사랑의 선물', 고아와 장애자를 위한 '어린이들의 집', 감옥에서 나온 소녀의 집인 '평화의 선물' 등을 계속해서 설립하고, 세계 각지에서 구호와 지원을 요청했다.

1971년 1월 6일 교황 요한 23세로부터 평화상을, 그해 10월 16일에는 케네디재단으로부터 국제인권상을, 1975년에는 알베르트슈바이처국제상을, 1979년 12월 노벨평화상을 수상한다. 1983년 11월에는 영국 여왕 엘리자베스 2세로부터 메리트 훈장까지 수여받기에 이른다. 마더 데레사의 인종과 국적과 계급을 가리지 않는 봉사활동, 빈자를 위한 삶의 진정성은 세계 많은 이들에게 전파되어 '마더 데레사 효과'를 낳았다.

1979년 12월 10일, 마더 데레사가 노벨상위원회위원장 존 산네스 교수로부터 노벨평화상 상패와 상금을 받고 있다. ⓒ 중앙일보

## 1983~1997,
### 빈자의 성녀 마더 데레사, 영원한 휴식을 맞다

1983년 마더 데레사의 심장질환이 처음으로 발견된다. 그럼에도 불구하고 마더 데레사는 심장박동기에 의존해 봉사활동을 계속했으나 건강이 악화해 1997년 총장직을 사임한다. 그해 9월 5일, 마더 데레사는 영면의 길에 접어든다. 그리고 인도 국장으로 '사랑의 선교회' 본부인 '마더 하우스'에 안장되어 영원한 안식을 맞이하게 되었다.

마더 데레사는 전세계 136개국 4천여 개의 자선조직을 설립했고, 1979년 '노벨평화상'을 비롯해 각국 정부와 단체로부터 상을 받았다. 마더 데레사는 상금의 마지막 한 푼까지도 가난한 사람들을 위해 썼다. 마더 데레사를 죽음으로 인도한 심장질환조차 환자들을 돌보느라 휘어진 등허리 때문이었다. 가난한 사람 중에서도 가장 가난한 사람을 위한 헌신적인 사랑과 봉사, 청빈한 그녀의 삶은 인종과 언어와 계급을 넘어, 신의 위대한 사랑을 실천한 성인의 삶이었다.

2003년 9월, 마더 데레사의 석관 앞에서 동료 수녀들이 마지막 인사를 올리고 있다.
ⓒ Jean-Michel TURPIN/GAMMA

# 마더 데레사의
# 아름다운 선물

**1판 1쇄 발행** 1997년 12월 15일
**2판 1쇄 발행** 2001년 11월 15일
**3판 1쇄 발행** 2010년 8월 20일
**3판 5쇄 발행** 2018년 10월 30일

**지은이** 마더 데레사
**엮은이** 베키 베니나트
**옮긴이** 이해인
**펴낸이** 김성구

**단행본부** 류현수 이은정 고혁 구소연
**디자인** 한아름 문인순
**제 작** 신태섭
**마케팅** 최윤호 나길훈 유지혜 김영욱
**관 리** 노신영

**펴낸곳** (주)샘터사
**등 록** 2001년 10월 15일 제1-2923호
**주 소** 서울시 종로구 창경궁로35길 26 2층 (03076)
**전 화** 02-763-8965(단행본부) 02-763-8966(영업마케팅부)
**팩 스** 02-3672-1873 **이메일** book@isamtoh.com **홈페이지** www.isamtoh.com

한국어 판권 ⓒ (주)샘터사 2010. Printed in Korea.

이 책은 저작권법에 따라 보호를 받는 저작물이므로 무단 전재와 복제를 금지하며,
이 책의 내용의 전부 또는 일부를 이용하려면 반드시 저작권자와 ㈜샘터사의 서면 동의를 받아야 합니다.

ISBN 978-89-464-1781-6 03810

이 도서의 국립중앙도서관 출판시도서목록(CIP)은 서지정보유통지원시스템 홈페이지(http://seoji.nl.go.kr)와
국가자료공동목록시스템(http://www.nl.go.kr/kolisnet)에서 이용하실 수 있습니다.
(CIP제어번호:CIP2010002876)

값은 뒤표지에 있습니다.
잘못 만들어진 책은 구입처에서 교환해 드립니다.